新編 幻の鉄路を追う 西日本編

川島令三

天夢人 Temjin

はじめに

本書は１９９６（平成８）年に中央書院から刊行した『幻の鉄路を追う』を元にしたリメイク版である。『幻の鉄路を追う』を刊行してから30年近くの年月が経っており、その後も、紹介した幻の鉄路の各線を何度も訪問した。訪問するたびに、また、違った形で変化してきている。

１９９６年版は、北は北海道から南は九州までの15の未成線を1冊で取り上げた。それだけでも３１８ページにもなる。その後の30年分の変化を加えると膨大なページ数になる。そこでリメイク版では東日本編と西日本編の２冊に分けた。本書はその西日本編である。

１９９６年版では限られたページ数の中で、すべての写真を載せるわけにはいかなかったが、リメイク版では分冊にしたことから、カットせざるを得なかった写真や図を加えることができ、さらにその後に変化していった状況をとらえた写真、最初に取材したときにはわからなかった、あるいは見つけられなかった写真や状況も加えた。

未成線といっても各種の路線がある。

東日本編の、一番ページ数を割いた東北・北海道新幹線はすでに開通した区間があり、残っている新函館北斗―札幌間は建設中で、すでに未成線ではなくなっている。しかし、１９９６年当時は、国鉄が分割民営化して10年も経っていない状況だったために、今後建設する新幹線をどのような仕組みで造るか定まっておらず、まず、できないだろうという雰囲気だった。ということで「幻の鉄路」になってしまうだろうと思われていた。

西日本編では四国への新幹線として、四国新幹線と四国横断新幹線について重点的にページを割いた。今後、造ると考えられている新幹線はすぐに工事に着手する必要がある路線を整備新幹線とし、その前段階として、いずれ造ることになる路線を基本計画新幹線として分けられている。

四国新幹線も四国横断新幹線も基本計画新幹線なので、着工はまだまだ先のこと。というよりも結局は造られず「幻の新幹線」になってしまう恐れがなくなったわけではない。

それでも瀬戸大橋近辺には四国横断新幹線の開通を前提にした施設や用地があり、四国新幹線にしても、ルートの途中にある大鳴門橋は、とりあえず新幹線線路が敷設できる構造になって完成している。

新幹線だけでなく、在来線を含む鉄道路線各線については「鉄道3時間説」という経験則がある。所要時間3時間で長距離の都市間を結ぶ列車の対航空機のシェアは75％、２時間半だと90％、２時間以下だとほぼ１００％になる。反対に4時間かかると40％に落ちるというものである。

四国横断新幹線の一部区間とした岡山―宇多津間ではすでに建設用地が確保されている個所が多数あり、容易に建設はできる。同区間の新幹線が完成したとすると、新大阪―多度津間は1時間で結ばれる。宇多津駅で在来線特急と同じホームの対面で乗り換えができるようにすると新大阪―松山間は2時間50分程度になる。鉄道3時間説からすると対航空機シェアは80％にもなって、鉄道ルートがほぼ独占できる。

ということで、瀬戸大橋ルートの新幹線建設がまず先という機運にはなってきている。まずは宇多津駅まで建設し、さらに松山や高知、高松・徳島各方面へは、フル規格の新幹線を一気に造るのではなく、国土交通省が運輸省時代に

経験値に基づく新幹線の所要時間と対航空機シェアの関係

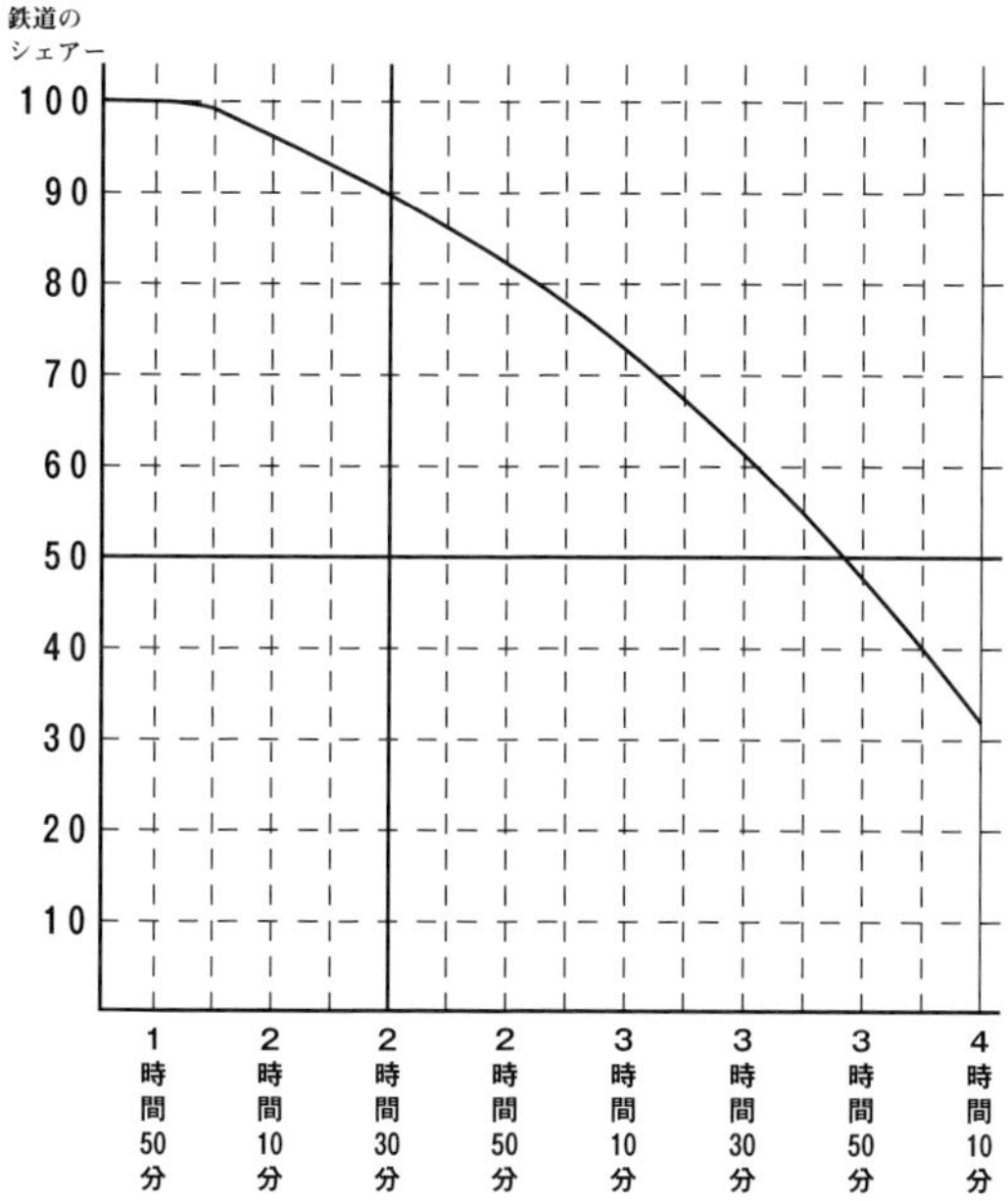

鉄道のシェアー
100
90
80
70
60
50
40
30
20
10
1時間50分
2時間10分
2時間30分
2時間50分
3時間10分
3時間30分
3時間50分
4時間10分

決定した暫定整備計画のように、新幹線鉄道規格新線、新幹線鉄道直通線を部分的に採用すればいい。

新幹線鉄道規格新線とは路盤については新幹線規格で造るが、線路は狭軌として時速200㎞以上の高速の在来線特急を走らせるもの、新幹線鉄道直通線とは在来線線路を標準軌併用の3線軌の線路にして新幹線電車が走れるようにするものである。

元来は秋田・山形新幹線のように車体が小さいミニ新幹線電車を使うことにしているが、橋梁やトンネルを改良すればフル規格の新幹線電車を走らせることも可能である。それならば用地取得が困難な都市などは新幹線直通線、郊外や山岳部など造りやすいところは標準軌にした標準軌新線、つまり通常の新幹線の新線を造ればいい。

本書では四国関連の新幹線ばかりを紹介しているわけではなく、山陰路と山陽路を結ぶ陰陽連絡鉄道として岩日北線や今福線というローカル新線、九州横断鉄道の一環である高千穂延長線も取り上げた。

これら路線では遅い旧式気動車による普通列車ばかりを走らせることを前提にして建設されたが、結果的には開通せず、建設が放棄されてしまった。そして高架橋などの構築物は撤去されてしまい、トンネルは坑口をコンクリートで蓋をされて使えないようにしているのがほとんどである。

岩日北線の錦町—雙津峡(そうづきょう)温泉(建設時は下須川駅)間は観光用に小形の連結バスを走らせて人気を集めている。高千穂延長線は葛原トンネルが「トンネルの駅」として焼酎貯蔵庫に流用され、大出水事故を起こした高森トンネルは親水公園となっている。

これら陰陽連絡線や高千穂線についても旧版でも高速化して復活すればいいとした。リニューアル版の本書でも今一度、新幹線鉄道規格新線などにすることで復活を見直してはどうかと問うようにした。

名古屋に造られた南方貨物線は大半が完成して開通できなかった路線である。いろいろと役立つ交通機関として検討されたが、もともと貨物迂回線として造られたために旅客運輸に転用しようとしても、有効に転用できなかった。そして民間や公共団体に払い下げられて、一部の高架橋等は撤去されている。

だが、途中にある名古屋貨物ターミナルへの貨物列車の行き来は行き止まりルートになっている、あおなみ線経由しかなく、なにかと不便である。今後、「物流2024年問題」といわれるトラックの運転手不足で鉄道貨物輸送が見直されつつある現状では今一度見直してもいいように思われる。

「2024年問題」の一つの救済策としてカートレインの運行がある。何台ものトラックを列車に載せれば運転手不足を解消する。その例として建設放棄された越美線でのカートレインの運行である。越美線が全通してカートレインを走らせることによって、冬季に起こる雪による道路障害の救済にも越美線が役立つ。ただし、完全な積雪対策を施した路線にしなければならないが、これら二つの問題をクリアできる鉄道として越美線の全通を再度検討してもいいように思う。

湖西線の片町線連絡線等については、当初は湖西線と合わせて北陸特急の新大阪への別線高速ルートとして昭和30年代後半に考えられていたものだった。そして、現在の北陸新幹線京都―新大阪間については、一部区間はこのルートを通ることになる。「幻の鉄路」が形を変えて新幹線路線になるということである。

阪急の新大阪・千里環状線計画も結局頓挫してしまった。新幹線新大阪駅の東側にある阪急乗越用の空間は完全に使われることなくむなしく開いたままになっている。西端にある阪急乗越用空間については南海なにわ筋線の延長線としての十三新大阪線として使用されて実現するが、通常の阪急電車が走るのではなく、狭軌の南海電車と、それに合わせた阪急の狭軌電車が走ることになる。

最後に紹介している呼子線は、呼子側を除いて構築物が撤去されて復活する目はなくなった。とはいえ、観光地としての呼子は人気がある。呼子線も遅い気動車がトコトコと走る路線として考えられていたが、高速の快速が福岡空港から呼子まで走る福岡近郊の観光通勤路線として今一度考え直してもいいように思う。

現在、これら幻の路線と同様に各地方の在来線の多くは、ただ漫然と列車を走らせているだけである。国鉄が分割民営化した直後には高速化にまい進してきたが、現在はほとんどの路線が実用的に利用される努力を放棄してしまっている。客寄せに観光列車を走らせるところが多くなっているが、どこでも同じよう列車ばかりでやがて飽きられてしまうし、集客、収益増に大きく役立っていない。

高速化をあきらめたのは高速道路網の拡充が要因だが、明治・大正時代に造られた区間で高速化しても新しく造られた高速道路に太刀打ちできない。鉄道も新幹線鉄道規格新線のような新しい鉄道路線、つまり在来線と新幹線の間を埋めるような、いわゆる中速鉄道を造る必要がある。本書で紹介した建設放棄をした未成線も、もう一度、中速鉄道として造り直して復活してもいいように思う。

中速鉄道など新しい発想が実行され、さまざまな鉄道各線を活用する機運が高まり、鉄道がさらに発展することを願ってやまない。

２０２３年９月

川島令三

新編　幻の鉄路を追う　西日本編◆目　次

海を渡る新幹線――瀬戸大橋と大鳴門橋の構造物　84

幻の陰陽連絡ルート――今福線、岩日北線　143

九州山地を越える路線——高千穂線高千穂—高森間　175

福岡近郊の未成線——呼子線　217

新編　幻の鉄路を追う　西日本編

名古屋市内の高架線――南方貨物線

貨物の衰退で放棄された

東海道本線で大府駅から名古屋駅に向かうとき、左手に複線の路盤が笠寺駅まで並行している。笠寺駅には名古屋臨海鉄道東港線（貨物船）が乗り入れており貨物ヤードがあって、複線路盤はなくなるが、笠寺駅を出るとまた路盤が少しある。その先では東海道本線の上を東海道新幹線が右手から左手に斜めに横断していく。並行していた路盤はさらにその先で東海道本線から離れて東海道新幹線をくぐっていくのが見える。同様に新幹線からもこの高架路盤が右側から斜めに下をくぐってから並行していくのが視認できる。この高架路盤は撤去されてしまっている個所がいくつかあるが、それでもしばらく並行していく。そして途中から新幹線と分かれて西へ向かっているのが見える。これが国鉄貨物局が建設していた南方貨物線である。

南方貨物線は、増大する東海道本線の輸送力増強のために、大府―名古屋間に貨物線を増設して貨客分離を行うためのもので、昭和41（1966）年に着工された。

大府―笠寺間は東海道本線との線路別複々線で、東海道本線とともに大高付近は高架化された。笠寺―八田間は別線線増で、堀川付近までは新幹線と並行して高架線を造り、分かれると南港運河と並行して西進、途中で名古屋港線（注1）と交差、名古屋港線は

注1：中央本線金山―名古屋間にある山王信号場から名古屋港駅まで6・2㎞の単線貨物路線（正式には東海道本線貨物支線）。途中に行き違い用の八幡信号場があり、山王信号場寄りは自動閉塞、名古屋港寄りはタブレット閉塞になっている。名古屋港以南にも線路が延びていたとともに各工場への専用線も接続していた。現在は名古屋港駅に隣接してJR東海のレール基地があって、レール運搬貨物列車が週に3往復運転されるのみである。隣接して名古屋地下鉄名港工場がある。名港工場は名港線の名古屋港から分岐しており、車両留置線と車両工場があるが、JR名古屋港駅から地下鉄車両の新車搬入などは行っていない。

名古屋市内の高架線——南方貨物線

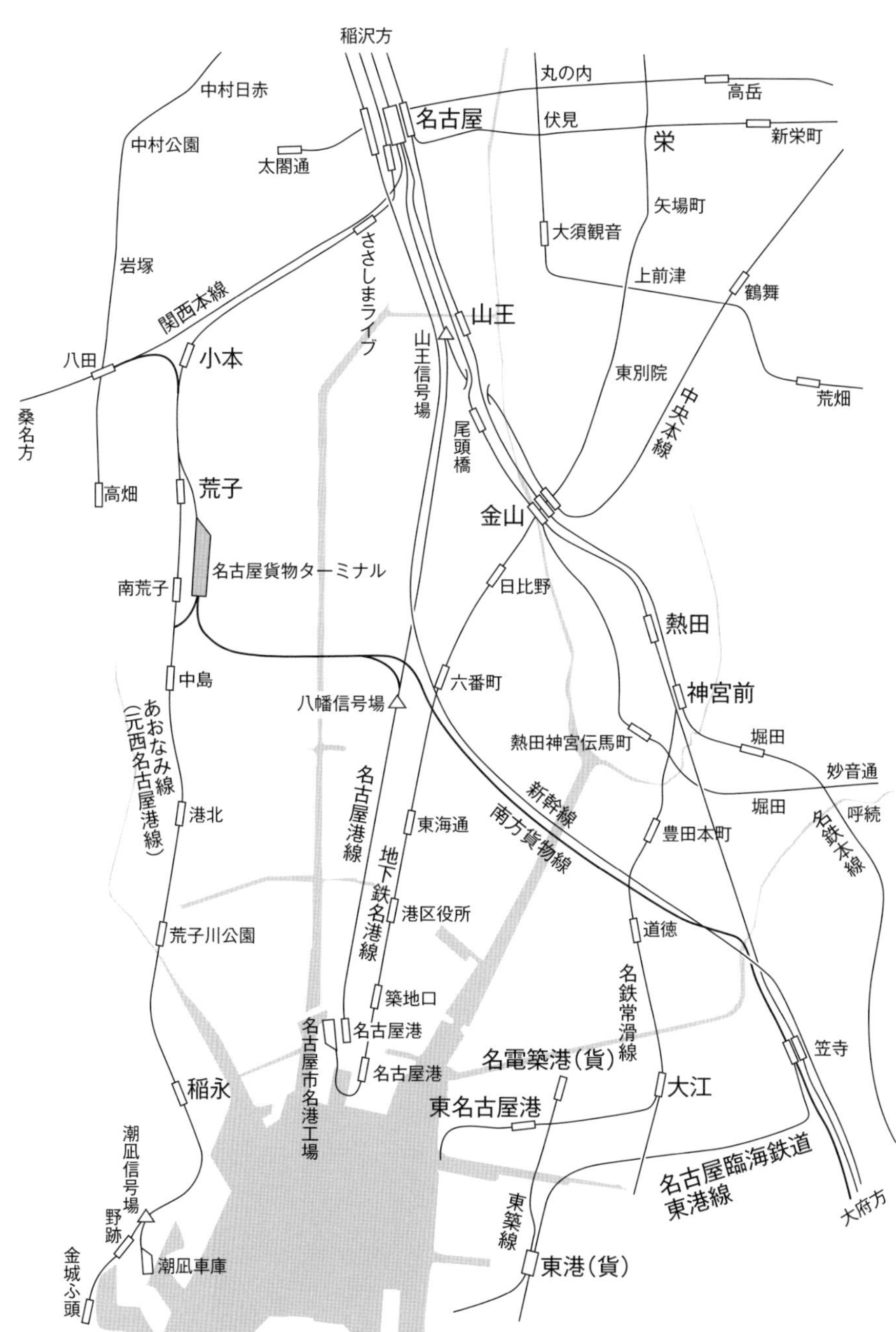

国鉄貨物局が建設していた南方貨物線

東海道本線で大府駅から名古屋方面に向かうと左手に複線路盤が並行する

右に新幹線も並行するようになる。写真は大高駅付近

大高駅を出た先に河川改良で架け替えた天白川橋梁は貨物線路盤側に設置されたために、東海道本線の線路は貨物線路盤を通るようになる

笠寺駅では、左手の貨物路盤は同駅の貨物ヤードにつながるようにしている

笠寺駅の名古屋寄りで東海道本線の上を新幹線が斜めに交差していく

名古屋寄りから笠寺駅を見る。新幹線は上を斜めに交差するが、貨物路盤（写真右）は少し東海道本線と並行してから、完成している高架路盤に取り付く

東海道本線を斜めに交差する新幹線の山側から見た貨物線路盤と東海道本線

同・山崎川を渡る南方貨物線

同・途切れ途切れだが南方貨物線の高架橋が続き、左手で新幹線をくぐる

新幹線の海側から見る。くぐると新幹線名古屋方向の左手で並行して名鉄常滑線と交差する

同・高架路盤は新幹線と並行する

中央本線の名古屋寄りから見た山王信号場。右に分岐しているのが名古屋港線、その右は東海道新幹線の高架橋、左の盛土は東海道本線と名鉄本線、中央本線はそれらの下をくぐって山側に移る

南方貨物線との交差付近から山王信号場までを廃止して、同線の終点名古屋港駅方向から南方貨物線への連絡線を設置する。

南方貨物線はさらに西進して、西名古屋港線(注2)と並行してから、名古屋貨物ターミナルに接続、名古屋貨物ターミナルからは西名古屋港線を複線化して高架化するとともに関西本線桑名方面へスルーで行ける連絡線を建設する予定だった。また、名古屋駅では東海道本線と並行する稲沢貨物線に接続する。すべて国鉄の貨物局の建設で日本鉄道建設公団は建設に関わっていない。

西名古屋港線と合流した地点にある名古屋貨物ターミナルは、地上にあった。南方貨物線ができると西名古屋港線の東側に第1期の高架貨物駅を新たに設置して、南方貨物線と名古屋港線、西名古屋港

注2：昭和25年6月に関西本線笹島貨物駅から西名古屋港駅まで12・6㎞を東海道本線の貨物支線として開業したもので、途中に名古屋貨物ターミナルが置かれた。現在は第三セクターの名古屋臨海高速鉄道が譲受して名古屋駅から西名古屋港駅の南の金城ふ頭駅まで複線化するとともに旅客化して「あおなみ線」として運航している。

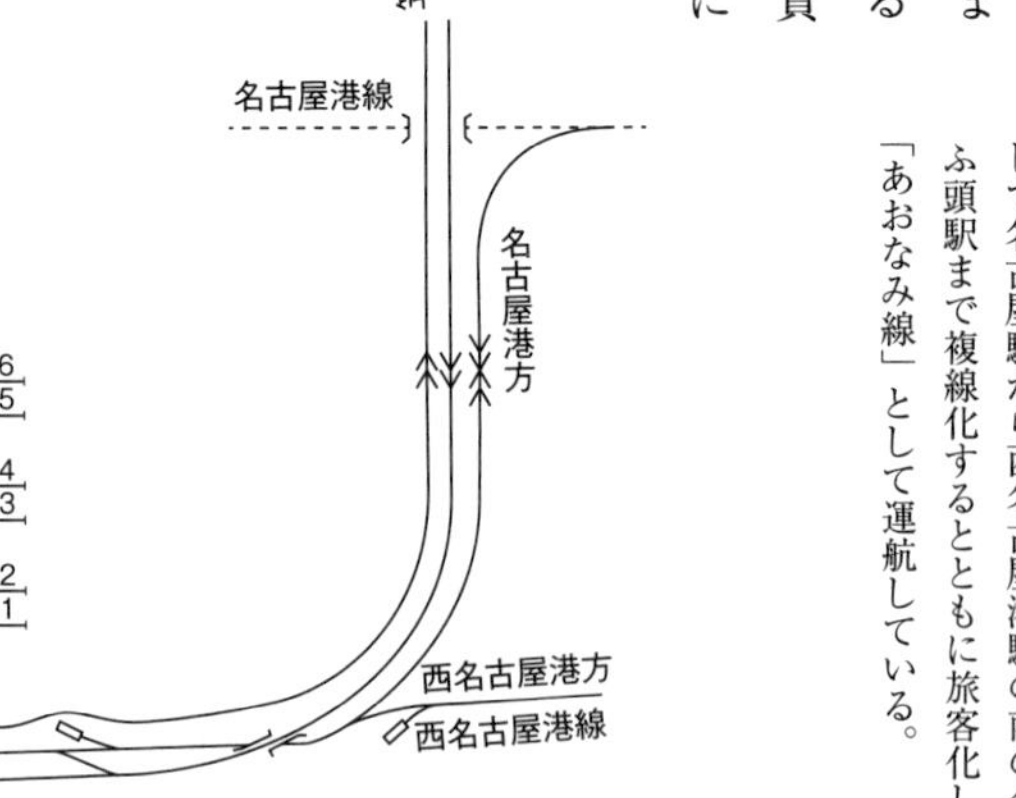

名古屋市内の高架線──南方貨物線

東海道本線と分かれて新幹線と交差する

線の荷役（貨物の積み降ろし）線と仕立てられた貨物着発線を設置する予定だった。

南方貨物線開業時に予定していた高架の
名古屋貨物ターミナルの第１期配線計画

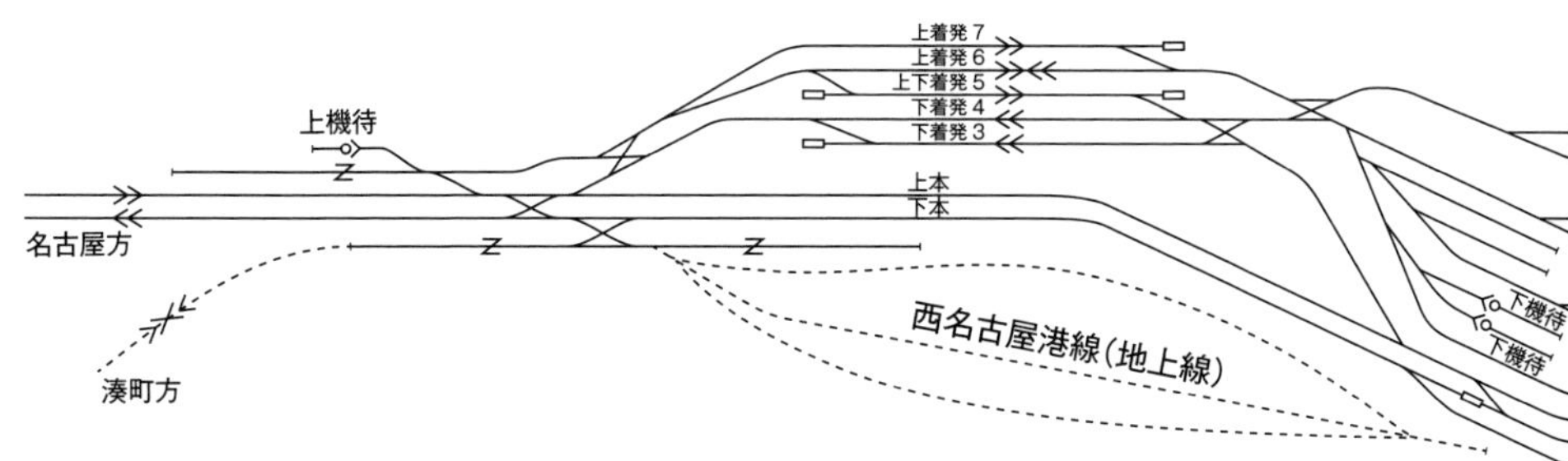

名古屋貨物ターミナル（第１期配線計画時）

新幹線との並行区間

地上から見た名鉄常滑線交差部

名古屋市内の高架線——南方貨物線

南方貨物線単独区間

名古屋港線との連絡線、右奥に南方貨物線が左右に通っている

左側の高架橋が名古屋港線連絡線、右側は南方貨物線の本線高架橋

中川運河橋梁。現在は撤去されている

第2期として地上の既存の西名古屋港線を高架にし、先に高架にした着発線との間に下り荷役線と着発線を設置、第1期で設置した着発線と荷役線は上り線用にするとともにその東側に仕訳線を5線設置する。さらに関西本線への複線の貨物連絡線（当初は単線）を設置する計画だった。

現在の名古屋貨物ターミナルの貨物着発線と仕訳線は当初に計画した着発線を利用、その南側にあるコンテナホームや積載線は上り荷役線を改装流用したものである。

路盤は90％近くが完成したが、国鉄の貨物輸送の衰退により貨物列車の本数が減ってしまい、貨物列車と旅客列車の混合運転でも東海道本線だけで充分やっていけるので、昭和50年に凍結、54年に建設を中止されてしまった。

西名古屋港線流用部分は名古屋貨物ターミナルがあるので貨物列車が頻繁に走り、東海道本線との線路別複々線部分では、大高の名古屋方にある天白川の東海道線橋梁が老朽化したので、東海道線が線路を振って南方貨物線側に造られた新橋梁を走っている。

ルートの大部分は完成

南方貨物線は、大府駅から笠寺駅までは東海道本線の西側を線路別複々線で並行する。共和駅の先から東海道新幹線も並行し3複線となり、笠寺駅の先で新幹線が東海道本線を越えるが、南方貨物線も一度新幹線の下をくぐってから、左カーブして東海道本線と分かれ、再度新幹線をくぐって新幹線の左側を並行する。

堀川を渡った先で左カーブして新幹線と分かれ西進する。途中、名古屋港線と直交し、この先で名古屋港線からの連絡線が南から合流する。さらに先で右カーブして名古屋貨物ターミナルの南で西名古屋港線と合流し、名古屋駅、稲沢駅と進む。

途中、途切れている個所があるものの、ほとんどできあがっており、レールを敷くのみだが、凍結されてからは高架橋がむなしく放置されている。

現在の名古屋貨物ターミナルの貨物着発線

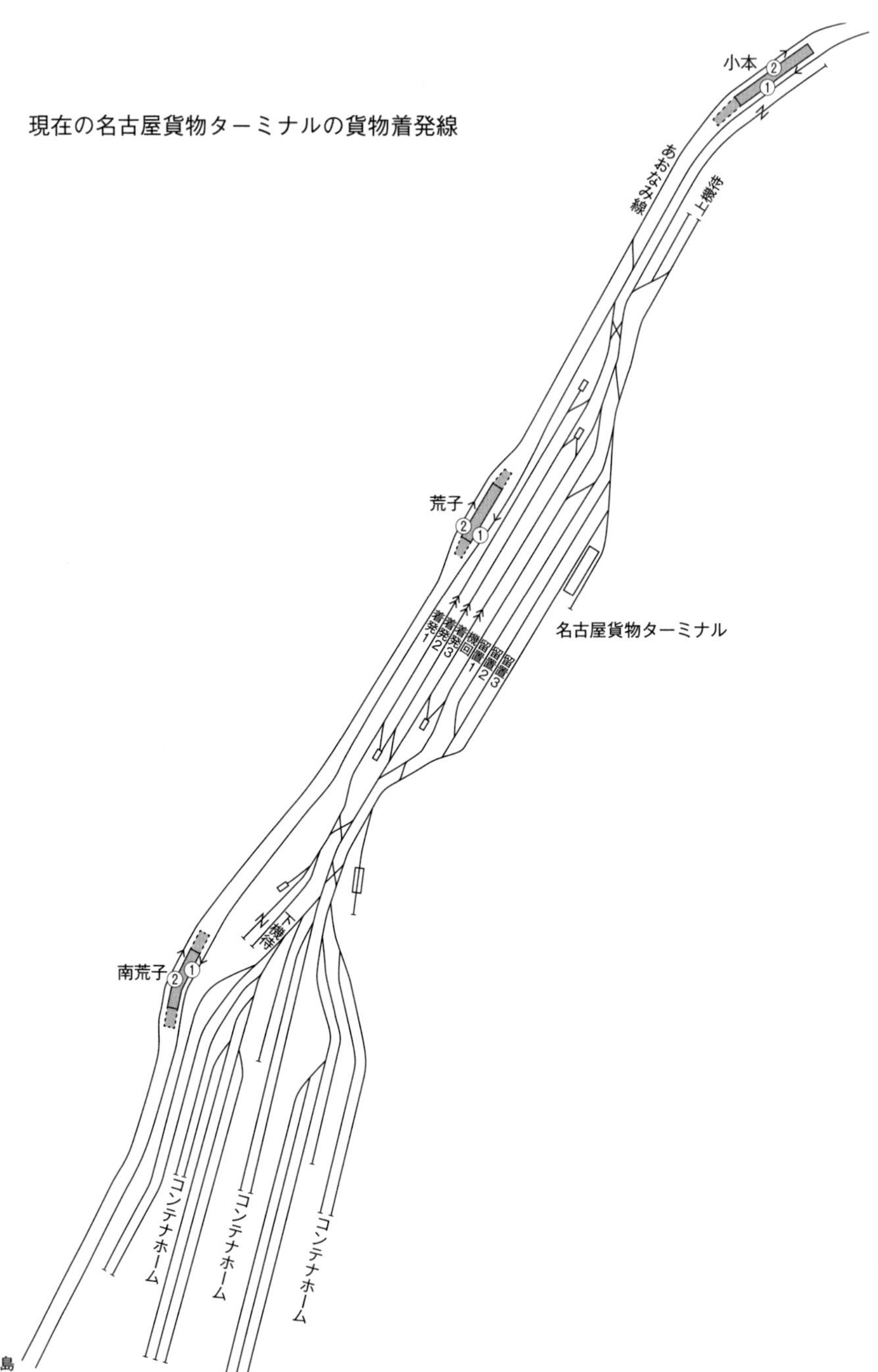

利用策はいろいろ考えられるが

平成4（1992）年の運輸政策審議会答申第12号「名古屋圏高速鉄道網整備計画」の策定段階では、南方貨物線の旅客化が検討された。だが、具体的にどう利用するかは、なにもあげられていない。

東海道本線の混雑緩和路線にすることが考えられるが、迂回しており遠まわりである。それに東海道本線の熱田↓名古屋間の平成4年度の混雑率が135％では、別線で混雑緩和をするほどの緊急性はない。

名古屋市南部の足として使うことも考えられるが、通常の鉄道が必要になるほど需要はないし、別に南部線として新交通システムで建設される桜木町―大江―名古屋港―稲永(いなえい)間が考えられている。しかし、新規にこの路線を造るよりは南方貨物線を流用したほうが安いだろう。

もう一つの案として、中部国際空港のアクセス線が考えられている。元来は西名古屋港線の旅客化のときに、終点の金城ふ頭から名古屋港を海底トンネルで抜けて東海市に入り、名古屋臨海鉄道南港線を経て、知多市から新線で常滑沖(とこなめ)の中部国際空港へのルートが考えられていた。

しかし、このあたりは名鉄常滑線が走っている。東京も大阪もＪＲと私鉄の2線が(注3)新設の国際空港にアクセス線を開通させているが、こんな無駄なことはない。このため、中部国際空港のアクセス線は名鉄常滑線1本に統一して、都心部では列車密度が

注3：羽田空港は京浜急行と東京モノレール、成田空港は京成電鉄とＪＲ、関西空港は南海電鉄とＪＲ。

高くなるので、これを緩和するために南方貨物線を使って、ＪＲの空港アクセス列車を走らせる案に変わってきた。このため常滑線の道徳と南方貨物線の間に連絡線を建設して直通できるようにすることが考えられた。

このほか、第2東海道新幹線ができるかどうかはわからないが、これに流用したり、当初の計画どおり愛知環状鉄道、中央本線、瀬戸線勝川（かちがわ）—枇杷島間（現東海交通事業城北線）とともに名古屋の大環状線にしたりすることも考えられていた。中央本線の高蔵寺—勝川間はそのために貨物線用として複線敷が確保されている。ただし、現在の城北線の勝川駅は中央本線とは離れており、レールもつながっていない。また、貨物列車は現状のまま増えないから、このルートを走るのは旅客列車ということになるが、それほどの需要があるとは考えられない。

いろいろな活用方法が考えられているが、いい案はなく、この先もこのままむなしく放置され続けていくと思われる。

西名古屋港線はあおなみ線として開業

ＪＲ東海所属の西名古屋港線は旅客化することになり、平成9（1997）年12月に新しく設立された第三セクター鉄道（半官半民が出資する鉄道会社）の名古屋臨海高速鉄道が引き継ぐことになった。名古屋—名古屋貨物ターミナル間はＪＲ貨物が第2種鉄道事業者（注4）として貨物列車が走っているが、名古屋貨物ターミナル—西名古屋港間はすでに貨物列車の運転はなくなってしまっていたので休止状態だった。

注4：昭和61年に成立した鉄道事業法で、鉄道事業を第1種から第3種の3事業に分けることを定めた。第1種鉄道事業は自らが鉄道線路を敷設し、運行を行うとともに自己の線路容量に余裕がある場合に第2種鉄道事業者に使用させることができる事業。第2種鉄道事業は、第1種鉄道事業者、又は第3種鉄道事業者が敷設した鉄道線路を使用して運送を行う事業。第3種鉄道事業とは鉄道線路を敷設して第1種鉄道事業者に譲渡するか、又は第2種鉄道事業者に使用させる事業で自らは運送を行わない、としている。

名古屋臨海高速鉄道は西名古屋港線を全線立体交差の複線にして旅客列車を走らせるとともに金城ふ頭まで延伸することで名古屋—金城ふ頭間の第1種鉄道事業の許可を取得した。名古屋—名古屋貨物ターミナル間にはJR貨物の貨物列車が走っているので、同区間は第1種鉄道事業者だったJR東海から名古屋臨海高速鉄道に転換してもJR貨物が第2種鉄道事業者のまま引き続き運行を続けることになった。

名古屋臨海高速鉄道はJR東海が3・2%の株式を引き受けていることもあって、JR東海の手によって平成10年3月に名古屋—名古屋貨物ターミナル間の電化を行い、13年3月には名古屋貨物ターミナル以南を高架化するために名古屋貨物ターミナル—西名古屋港間を廃止した。

平成16年10月に名古屋—金城ふ頭間があおなみ線の愛称（正式名は西名古屋港線）で開通、同時に名古屋—名古屋貨物ターミナル間のJR東海の第1種鉄道事業を廃止した。なお、西名古屋港駅は名古屋臨海高速鉄道の稲永駅の金城ふ頭寄りにある潮凪（しおなぎ）信号場から分岐する潮凪車庫のところにあった。

一方、先述のように南方貨物線の旅客化を運輸政策審議会で検討されたが、平成4年の12号答申では取り上げられず、平成14年から売却することになった。高架構造物については希望されれば撤去するが、撤去しないまま購入すれば安くするとされたため、撤去されずに高架橋をそのまま流用している個所も多い。

あおなみ線の中島—港北間の近くにある中部鋼鈑製鋼の南側にある高架橋は南方貨物線の複線と、名古屋港貨物駅への単線線路の合計3線線路ぶんの幅があることから縦置きの駐車場として利用されている。さらに東寄りでは太陽光発電のソーラーパネルが高架線上に置かれている。

とはいえ、東京方面から名古屋貨物ターミナルへの貨物列車は稲沢駅でスイッチバックしてあおなみ線に進入して、また戻らなくてはいけない、逆も同様で南方貨物線があればスルーで行き来できた。開通していれば貨物列車の運転効率は非常によくなっていた。残念なことである。

名古屋貨物ターミナル手前では西名古屋港線とで3線線路の高架橋になっている

3線高架橋は右カーブして北上、名古屋貨物ターミナルにつながる予定だった

3線高架橋は駐車場になっている

あおなみ線中島―港北間から見た3線高架橋の端部。右にあおなみ線が見える

あおなみ線の港北駅の名古屋寄りにも南方貨物線の3線高架路盤が残っている

あおなみ線名古屋寄りから見た名古屋貨物ターミナル

豪雪地帯を貫くルート――越美線

県境の22㎞だけが未開通

越美線は現在、越美南線として長良川鉄道の美濃太田―北濃間と、ＪＲ西日本の越美北線として九頭竜湖―越前花堂（昭和62年までは南福井貨物駅）間が開通している。残る北濃―九頭竜湖間は約22㎞だが、その間は山岳地帯で、建設するのはなかなか難しい。

しかし、長良川鉄道は線名をそのまま越美南線としており、将来に希望を託して線名を改めていないようである。越美線は、大正11（１９２２）年公布の改正鉄道敷設法のもとに建設が行われたわけではない。明治40（１９０７）年5月に総理大臣直属の鉄道院が設置され、鉄道院は買収した各私設鉄道の幹線の整備運営を主に行い、複線化、さらには複々線化を進め、地方路線の建設は行わないことにしていた。しかし、当時の議会は地方から選出された議員が多数を占める政友会が牛耳っていた。

「越」は越前、「美」は美濃の頭文字で、福井県にある越前と岐阜県にある美濃地区を結ぶ路線である。

当然、政友会は地方路線の建設を要求する。その圧力に屈した政府は明治43年に軽便鉄道法を制定した。規格を極端に落として簡易に安価に鉄道路線が建設できるようにした。しかし、全国から要求される地方鉄道路線を一手に政府が建設する余裕は予算的になかった。そこで民間が建設するものの、一部の資金は政府が出費する、軽便鉄道補助法を明治44年に成立させた。

これによって全国各地にローカル私鉄が開通するが、国鉄路線で建設をしてほしいという要求も強かった。そこで改正鉄道敷設法が成立することになるが、越美線については帝国議会によって名古屋と北陸地区を短絡する路線として改正鉄道敷設法が公布される前に建設の決定がなされた。このため改正鉄道敷設法の予定線には含まれなかった。また、軽便鉄道法は輸送力がなく、軌間も国鉄などの１０６７㎜より狭い７６２㎜が多かったために大正８（１９１９）年に廃止され、以後、国鉄は甲線、乙線、丙線の３種の規格を制定した（のちに特甲線、簡易線が加わる）。

越美線は南北両方から工事が開始されたので南側を越美南線、北側を越美北線という路線名で順次開業していく。越美南線は大正12（１９２３）年に高山本線の美濃太田駅から美濃町駅（現美濃市駅）まで開通し、昭和９（１９３４）年に北濃駅まで開通した。越美北線は福井駅ではなく米原寄りの南福井駅[注5]から勝原（かどはら）駅まで昭和35年に開通し、以遠は昭和39年に設立された鉄道建設公団に建設が引き継がれ、昭和47（１９７２）年までに九頭竜湖駅まで開通した。その先、九頭竜湖駅から南線の北濃駅までも着工したが、すぐに工事は凍結されてしまった。また、北濃の付近では着工以前に一部用地が買収され準備工事もされていた。

南線も北線も、昭和55年の国鉄再建法によって第２次特定地方交通線[注6]の条件となる輸送密度４０００人を下回っていたが、北線は並行する道路が冬場は雪に閉ざされて陸の孤島になるため転換されず、いまだにＪＲ西日本の路線となっている。南線は第２次特定地方交通線に指定され、第三セクター鉄道の長良川鉄道が引き継いでいる。

注5：南福井駅は貨物駅で北陸本線には旅客駅はなかったが、隣接して越美北線の越前花堂駅があった。昭和43年に越美北線分岐点の北陸本線にも越前花堂駅を設置して、現在は同駅が起点となっている。

注6：特定地方交通線とは、国鉄が運行している地方交通線のうち、国鉄から切り離してバスあるいは地方鉄道（私鉄）に転換する、最悪は廃止する路線のことである。切り離すにあたって、各種の条件を満たす路線を選定するが、一度に転換するわけではなく、１次から３次までの３回に分けて転換することになった。

第１次特定地方交通線の条件は、旅客営業キロが30㎞未満で輸送密度（１日１㎞あたりの平均乗車人員）が２０００人未満の盲腸線、ただし産出される石炭を相当量輸送している営業線は除外する。あるいは営業キロが50㎞以下で輸送密度が５００人未満の営業線とした。

第２次特定地方交通線は輸送密度２０００人未満の路線、第３次特定地方交通線は輸送密度が４０００人未満の路線だが、並行する道路が整備されていない等、代替輸送機関が確保できない路線を除くとしている。

越美線未開通区間のルート

越美線の未開通区間は、長良川鉄道の終点北濃駅を出るとしばらくは国道１５６号に並行するが、左にカーブして国道と分かれ、県道石徹白（いとしろ）前谷線と並行して西進する。途中に檜峠があり、これが分水嶺である。この先で岐阜と福井の県境となる。これらを長大トンネルで抜ける予定であった。

福井県に入ると、並行する県道は白山仲居神社朝日線の名にかわり、小谷堂（こたんどう）、三面（さつら）、朝日前坂、後野（のちの）、貝皿（かいざら）と通る。檜峠からは石徹白川も並行するが、これが九頭竜川と合流する地点で、越美線も右カーブして和泉村（注7）の役場付近を通って、九頭竜湖駅となる。越美北線の九頭竜湖駅はホームから先、１００ｍほど線路が延びており、そこにつながることになる。

注7：現大野市和泉

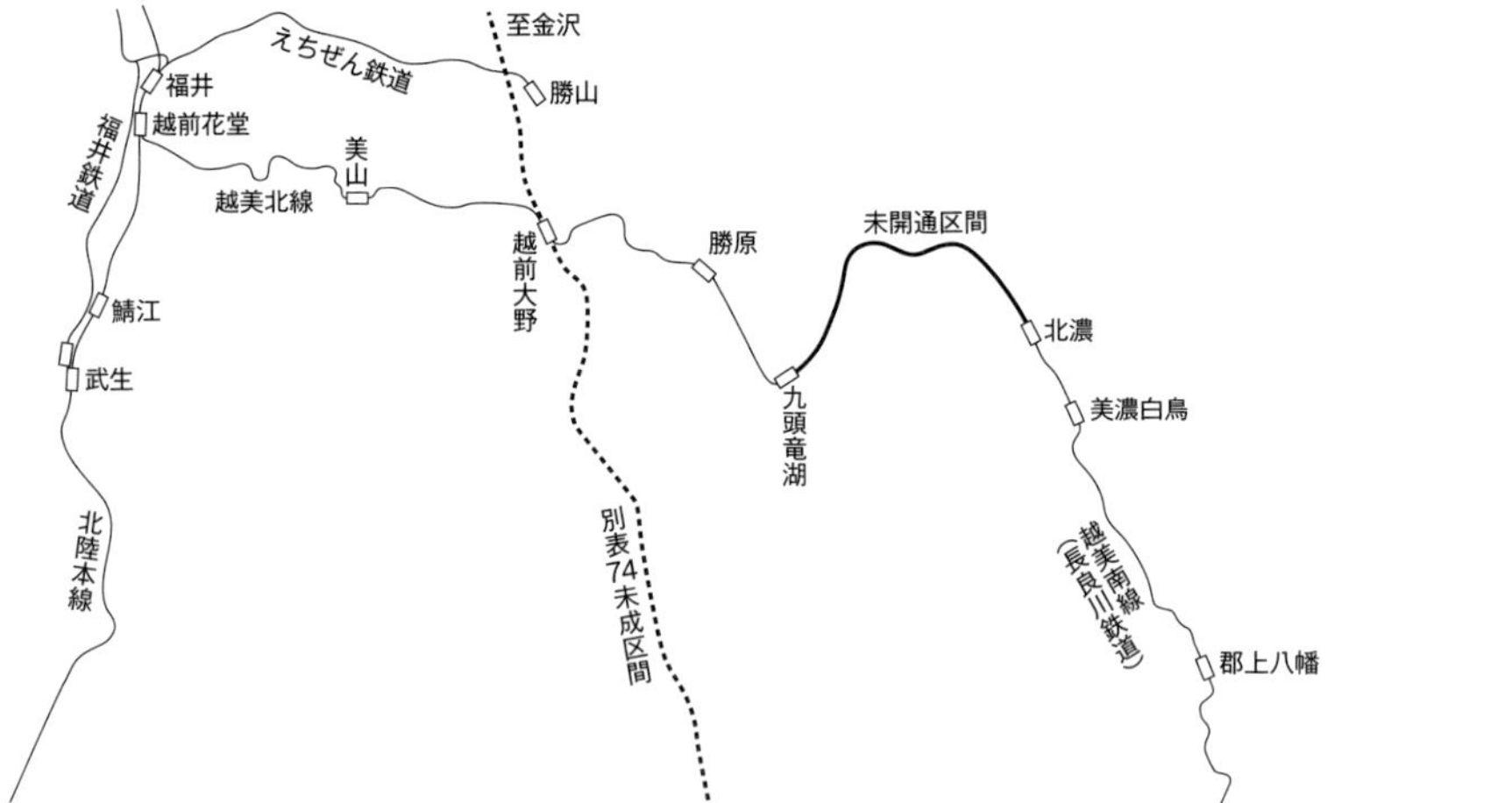

越美線全区間路線図

道路公団もいずれは行き詰まる

この未開通区間の工事跡を見たかったが、なかなか機会に恵まれなかった。そんなおり家族から、どこか行ったことのないスキー場に連れていけといわれたので、今まで何度も行っていた乗鞍や清里、越後湯沢とは違う、岐阜県の郡上八幡の北にある大きなファミリースキー場「めいほうスキー場」に1泊2日の日程で行くことにして、帰りに南北越美線を見ることにした。

ただし、越美線についても、まったく事前調査しなかった。家族同行は家族サービスが第一で、取材は二の次だったからである。しかし、事前調査をしないと二度手間になることが多い。「東日本編」で紹介した佐久間線もその後、何度も単独取材をしているし、ここもそうなってしまった。

さてスキーを楽しんで「郡上八幡サイクリングセンター」（現郡上八幡サイクリングターミナル）に1泊後、長良川鉄道に沿って北上した。美濃白鳥駅の近くに来たとき「九頭竜湖、福井方面」の交通標識が目に止まり、その方向へ向かう。記憶ではバス路線が美濃白鳥―九頭竜湖間を運行しているから、越美線もそれに沿っているのだろうと考えたからである。

九頭竜湖を通る国道158号へ入ったのだが、白鳥駅からの入口は急峻な山岳地帯を抜けるためにループ橋となっている。それを越えると東海北陸自動車道から国道158号につながるランプウェイの工事を盛んにやっているので非常に走りにくい。

かつては「我田引鉄」といって「鉄道を我が村に」ということだったが、現在はこれが高速道路になっている。つまり「我田引高速道路」ということで、これによって各地の鉄道は苦戦を強いられたり、衰退したり、なかには廃止されたりした。

高速道路の時代になったといえるが、高速道路も近年になってかげりをみせはじめている。高速道路でも採算の合う人口密集地はすでに建設は終わっており、建設中の多くは過疎地区の不採算路線である。

高速道路では建設資金を既開通区間の通行料金とガソリン税などでまかなう方式をとっているため、高速道路を運営している日本道路公団は安泰とはいえ、全国一率にわたって度重なる通行料金の値上げを行っている。このため、幹線高速道を利用しているドライバーからは、「料金が上がっても渋滞はほとんど解消していない」とかの不満の声が出ている。幹線高速道の改良工事もはじめているが、人口密集地が多いから用地買収費もばかにならない。

大正時代、鉄道の建主改従（新線建設を主体にして幹線の改良を後まわしにすること）か改主建従（その逆）かで政争にまで発展し、結局、建主改従ということになって、改正鉄道敷設法が成立して不採算のローカル線が各地にでき、やがて国鉄の経営を圧迫、そして分割民営化によってＪＲになったが、高速道路でも同じような事態になるのではないかと思われる。結局、長い目でみると日本道路公団も国鉄と同じ、いつか来た道を歩んでいるといえる。鉄道が不採算路線を、建設中も含めて廃止したのと同じく、建設中の高速道路も工事を中止するということも想像できなくはない。事実、道路公団も分割民営化された。

ということで、越美線周辺でいえば東海北陸道の建設中止ということが考えられる。つまり、東海北陸道は、岐阜各務原―郡上八幡間のいわば南線と小矢部砺波ジャンクション―福光間の北線が供用されているが、それがいくぶん延びた時点で建設中止ということにもなりかねないのである。

こうなると越美線と同じ事態である。高速道路が鉄道を駆逐しているといっても、高速道路も将来は鉄道と同じ悩みを持つといえよう。その場合、どちらがいいかというと鉄道のほうがいい。4車線あるいは建設費を抑えるために2車線にした高速道路を造る場合と、単線の鉄道を造る場合とで、鉄道のほうが建設費が安いのはわかりきったことである。建設費が安いということは、料金あるいは運賃が安くなるということになるのである。

ランニングコストはクルマのほうが安いということが〝常識〟になっている。しかし、これはガソリン代だけのことを考えた場合で、購入費、維持費、自動車税、高速道路通行料金といったものを加えるとけっして安いものではない。

鉄道も人さえ多く乗ればトータルコストは安い。あとは利便性だけである。クルマは鉄道とくらべものにならないくらい便利である。だが、これも当地のような雪による道路閉鎖となれば、いっぺんに不便なものになってしまう。

札幌地下鉄の南北線高架区間で行っているスノーシェルターで全区間を覆うなど積雪対策を充分行ったうえで越美線が全通していれば、冬でも不通にはならないから、名古屋から福井にたやすく抜けることができる。そして、クルマと乗客を同時に輸送するカートレインを定期運転すれば、東海北陸道（同道路は富山県高岡に抜けるが）を冬季にスリップ事故を心配しながら走ることもないのである。越美線が全通していて、いろいろな施策を行っていれば、結構利用できる幹線になったのではないかという思いがする。

終着駅部以外の工事跡はなし

というようなことを考えながら、国道158号を走る。九頭竜湖が見えてきた。すばらしい景色である。それを眺めつつ、かつての建設跡を探したが、どこにもそのようなものはない。そうこうしているうちに九頭竜ダムを過ぎて九頭竜湖駅まで来てしまった。

駅でひと休みしてから、近くの駐在所に建設跡はどこかと聞いたが、転勤になってすぐなのでわからないと言う。しかたがないので引き返すことにしたが、九頭竜湖駅か

JR越美北線九頭竜湖駅

福井寄りから見た九頭竜湖駅

ホームの先に2線の留置線がある。その先の駐車場は延伸用の用地として確保され、線路も延びていた

終端側からホームを見る

ら少し延びている線路の先をたどるとやや北東に向いている（現在は短くしたため終端は直線で止まっている）。九頭竜ダムに行くのは鉄道では勾配がきつく、とても無理だということがわかった。北東側は谷間になっているから、そちらを迂回しているのであった。

前述のように今回はスキーも兼ねてだったため、事前に調査しなかったからどう建設しているか知らなかったのである。北東への県道を半信半疑で走ってみた。しかし、結局建設跡は発見できなかった。工事はほんの少しだけ行われたにすぎず、何年も経ったからまったくなくなってしまったものと思われる。

檜峠を越えて北濃駅に出た。北濃駅の構造を見ると、ホームを通り過ぎて線路が延びており、この先で比較的新しい民家にさえぎられているが、そのもう少し先は多少用地が確保されているようである。延びている線路は機折線の役目を果たしているが、それだけではなく、明らかに先へ延ばす用意がなされていることがうかがえる。

美濃白鳥駅の近くの町営図書館で聞いてみると、昭和39年に着工が決定し北濃の駅で提灯行列をして祝ったそうである。しかしその後、工事は進まず、越美北線が九頭竜湖

長良川鉄道越美南線の北濃駅。停車しているのはレールバスのナガラ１形

北濃駅から終端方向には機折線が延びている

機折線は九頭竜湖延伸時には本線になる

機折線の終端部は、まっすぐ進むと民家があるので、避けるように右カーブしている

まで延びたときに北濃の先も本格着工したが、すぐに中止となり、何度か再着工の請願（請願は代議士などを通して頼むこと、陳情は直接頼むこと）をしたが、結局、第三セクター鉄道に転換されて、延長の目はなくなったので、がっかりしている、とのことであった。

カートレイン線として復活してもいい

未開通区間は国鉄再建法が成立するかなり前に工事が凍結されており、まったく工事跡は残っていない。今後、東海北陸道が開通すれば、造る必要はなく、同自動車道にバスを走らせればいいとも考えられる。

しかし、北濃の北側はスキー場のメッカで冬は豪雪となるばかりか、この先に高速道路を造るには相当な費用を要する。開通はまだ先であり、名古屋―金沢間のバス路線は、東海北陸道が全通していないときは、同自動車道経由で白山スーパー林道を通ることになるが、冬季は運休にもなるだろう。

越美線の未開通区間はわずか22km、高速道路の建設もいいが、この鉄道路線を建設したほうが安い。バス路線は鉄

北濃駅の終端部から美濃太田寄りを見る。右側に転車台が保存展示されている。レールバスは平成26年までに引退し、廃車され通常タイプの気動車に代わっている

道が肩代わりすればいいし、クルマは迅速に積み降ろしできるカートレインシステムを考えればいいのである。高速道路は建設省、鉄道は運輸省だが、越美線は高速道路の代替と考えて両省の予算を持ち寄ればいい。(注8)

こんなところに在来型鉄道をつくってもスピードが遅すぎて役立たないと考えられがちだが、鉄道建設公団が建設した勝原—九頭竜湖間は線形がよいから、整備さえすれば160km運転は可能である。どのローカル線でも、鉄道建設公団が引き継いで開通させたところは、それなりに線形がよく、高速運転は可能である。勝原—九頭竜湖間でも、その手前までの区間よりも速度は高い。

越美線経由で名古屋—福井間に高速特急を設定すると、北濃駅までは線形が悪くても振り子式で表定速度（停車時分を含めた平均速度）80km程度は維持できる。勝原—福井間もそのくらいは可能である。北濃—勝原間は線形がよいので90kmくらいは可能だろう。岐阜経由では遠まわりだから中央西線、太多(たいた)線経由で名古屋から走らせればいい。そうすると2時間55分程度で結ぶことはできる。

しかし、「しらさぎ」は名古屋—福井間を最速2時間5分で結んでいるから、それより遅く、第2ルートとしての意味しかない。だから、先述したようにカートレインのルートとすればいい。ただし、簡易に積み降ろしができるものにしなくてはならない。

高速貨物列車で、トラックを低床貨車に載せるピギーバック方式が実用化され、トラックについては迅速な積み降ろし方法はできている。中央高速道路多治見インター近くの多治見駅、北陸道福井インターの近くの越美線六条駅、さらに九頭竜湖駅と美濃白鳥駅に自動車ターミナルを置き、乗用車からトラックまで積載できる高速のカー

注8：中央省庁改編政策によって、平成13（2001）年1月に運輸省と建設省は統合されて国土交通省になった。それでも運輸省鉄道局と建設省道路局は、国土交通省になっても分かれたままで各種行政を行っている。

トレイン列車を頻繁運転するのである。もちろん客車を連結し一般乗客も乗せる。

さらに一部は金沢貨物駅や東京の浜松町駅からの列車も走らせてもいい。つまり、越美線は旅客専用線ではなくて、高速道路にかわるカートレイン専用線にするのである。ただし、運賃や料金は高速道路の通行料金や燃料代よりも高くてはあまり利用されない。

鉄道は大量輸送を得意とする。言いかえるならば重量輸送機関として、人を多く運ぶかわりに、重量物のクルマを運ぶことを得意とすればいいのである。鉄道のもう一つの特長を水平思考すれば、越美線は生きてこよう。

越美線ではカートレインを主に走らせ、深夜は1時間ごとの運転とする。さらに特急、それに快速を1日2、3往復走らせる。カートレインは多治見—六条間とし、昼間時は美濃太田、郡上八幡、美濃白鳥、九頭竜湖、越前大野の各駅に停車して、一般乗客も乗れるようにする。多治見駅で名古屋駅からの連絡快速、六条駅で福井駅までの連絡列車を設定して、特急の代役にもなるようにすればいい。

ミュンヘン駅に到着したドイツのナイト・カートレイン。客車に自動車積載貨車を連結する。乗用車しか載せられないが、日本で実用化しているピギーバック輸送用の貨車も連結すれば、トラックも載せられるカートレインになる。ドイツのカートレインでは、乗用車の積み降ろしはカーフェリーと同様に車の持ち主が運転して行う。このため、係員は数名ですんでいる

高速道路も分割民営化されたものの、東海北陸自動車道は全通した

平成17（2005）年10月に日本道路公団は分割民営化され、西日本高速道路、中日本高速道路、東日本高速道路に移行した。東海北陸自動車道は中日本高速道路の自動車道として平成20年7月に全通した。

越美南線の美濃白鳥駅まで並行して、美濃白鳥インターから北は東に折れて富山県の高岡に向かうから越美北線とは競合しない。しかし、越美南線とは競合しているために、長良川鉄道の乗客はかなり減少してしまった。

東海北陸自動車道は当初、2車線で供用開始したが、郡上八幡インターまでかなり利用があって渋滞するために平成20年7月に4車線化が完成した。

同道路の開通によって、名古屋―金沢間の所要時間は北陸自動車道による米原経由より15分短縮した3時間10分程度となり、特急「しらさぎ」の名古屋―金沢間（最速所要時間2時間58分、多くは3時間～3時間5分）の乗客もかなり減少した。北陸新幹線の金沢開業後でも金沢駅での接続が悪く、名古屋―富山間では最速で3時間38分と変わらない。

名古屋―金沢間では「しらさぎ」は2時間39分、東海北陸道経由は3時間10分と鉄道のほうにまだ分があるが、それでも乗客が減っている。現在の「しらさぎ」は停車駅が増えたのと北陸新幹線の敦賀延伸工事により将来は第三セクター鉄道になって高速運転を行わなくなることから、線路保守費を落とす目的で敦賀―金沢間で減速運転しており、最速列車の設定というものはなくなって、3時間になっている。

ただし、東海道新幹線に米原駅まで乗り、米原駅から「しらさぎ」に乗り換えると名古屋―金沢間は2時間25分になる。しかし、米原駅での乗り換えは面倒である。

令和6（2024）年3月の北陸新幹線敦賀延伸開業で、東海道新幹線、米原駅で「しらさぎ」、敦賀駅で北陸新幹線の速達「つるぎ」に乗り継ぐと2時間9分（JR公表の予定所要時間）になる。

しかし、2度の乗り換えは面倒である。敦賀駅からの福井県内の北陸本線は「ハピラインふくい」という第三セクター鉄道になって「しらさぎ」の直通はないから、2時間9分に短縮したとはいえ、2回も乗り換えを強要されるから、これを敬遠して高速バスあるいはマイカー運転に切り替える人がかなり出てくると思われる。金沢開業後、名古屋（大阪も）―富山間のJR利用がかなり減ったのと同様に敦賀開業後も名古屋・大阪―金沢間の乗客はかなり減る可能性が高い。

ともあれ前述したように越美線を全通させて高速化すると名古屋―福井間は2時間55分、福井駅で北陸新幹線と7分接続したとして越美線経由の名古屋―金沢間は3時間27分と敦賀接続の「しらさぎ」より1時間以上遅い。

カートレイン案も東海北陸自動車道の積雪による通行止めは従来は冬季に1回か2回程度でしかないから、あまり意味がないと思われようが、今後、地球温暖化によってかえって冬季の積雪量が多くなると見込まれる。冬季には高速道路も積雪によって2、3日間立ち往生する事態が頻発するようになった。そのため、大量に雪が降ると予想されるときは事前に高速道路の通行止めを行うようになっている。国道や主要地方道も通行止めになったりして、物資や人の移動ができなくなって社会的に問題になっている。

積雪対策がしっかりした雪に強い鉄道路線にすれば利用されるだろう。越美線を全通させてトラックも運べるカートレインを実用化し、積雪時でも物資や人の輸送を止めないようする施策を行ってもいいように思う。そうすれば近い将来のトラックドライバー不足の対策にも寄与できるだろう。

高規格線構想の名残
——山科駅の片町線直通準備

片町線は片町—木津間の路線だった。平成９（１９９７）年３月、ＪＲ東西線に直通したために片町駅は廃止されて手前の京橋駅が片町線とＪＲ東西線の接続駅になっている。一方、東側では、田辺から奈良線の長池までの新線が平成元年の運輸政策審議会答申第10号に取り上げられた。

しかし、湖西線が開通するころまでの構想では、東側は長尾駅から山科駅まで延長するとともに、西側は星田付近から分岐して淀川を渡り新大阪駅に至る新線、あるいは鴫野（しぎの）駅から外環状線（現おおさか東線）となる予定の城東貨物線で新大阪駅まで乗り入れて、新大阪駅と山科駅とを結び、北陸本線の特急をすべて片町線経由にしようと計画していた。

このため、山科駅の神戸方には、片町線からの延長線が立体交差で山科駅に高速で進入・通過できるような配線に変更する計画が用意されていた。

この新線は、公式文書では私の知るかぎり明文化されていないが、湖西線計画時の山科駅付近配線計画略図には点線の立体交差線が描かれており、将来片町線へ接続と書いてある。この

山科駅を出発した新快速姫路行

配線計画図では東海道本線下り外側線を南側に移設して、移設前の外側線を片町線への下り接続線とする。上り接続線は、複々線になっている東海道本線をすべて斜めに立体交差して、山科駅の上り通過線に速度制限なしで接続する。

下り接続線はホームに面している1番線から速度を落とさずに直通できる構造で計画されているが、上り接続線は通過線に接続しているので、山科駅に停車する列車の設定はできない。おそらく、49ページ上段の図のように、点線で書いた渡り線が計画されていたと思われる。

昭和46（1971）年の都市交通審議会（のちの運輸政策審議会）答申第13号では、山科―京都市南部―大阪市北東部―新大阪間の路線を将来検討すべきとしてあげられている。この検討路線の建設を前提として山科駅の配線変更計画がなされたのである。

新大阪駅では東海道本線の17・18番線(注9)の東側に島式ホーム1面分の空間が確保されているが、これがこの新線と外環状線の発着線として考えられていた。

注9：在来線の発着線番号は0番台に改められたために現在は7、8番線になっている。

廃止直前の片町線片町駅

大阪ビジネスパークから見た廃止直前の片町駅（運河と並行している駅）。1ブロック奥には複々線になっている京阪本線が見える。ＪＲ東西線は地上にある京橋駅で片町線と接続する。京橋駅を出てすぐにＪＲ東西線は地下に潜る。その坑口付近が片町駅に当たるため同駅は廃止された

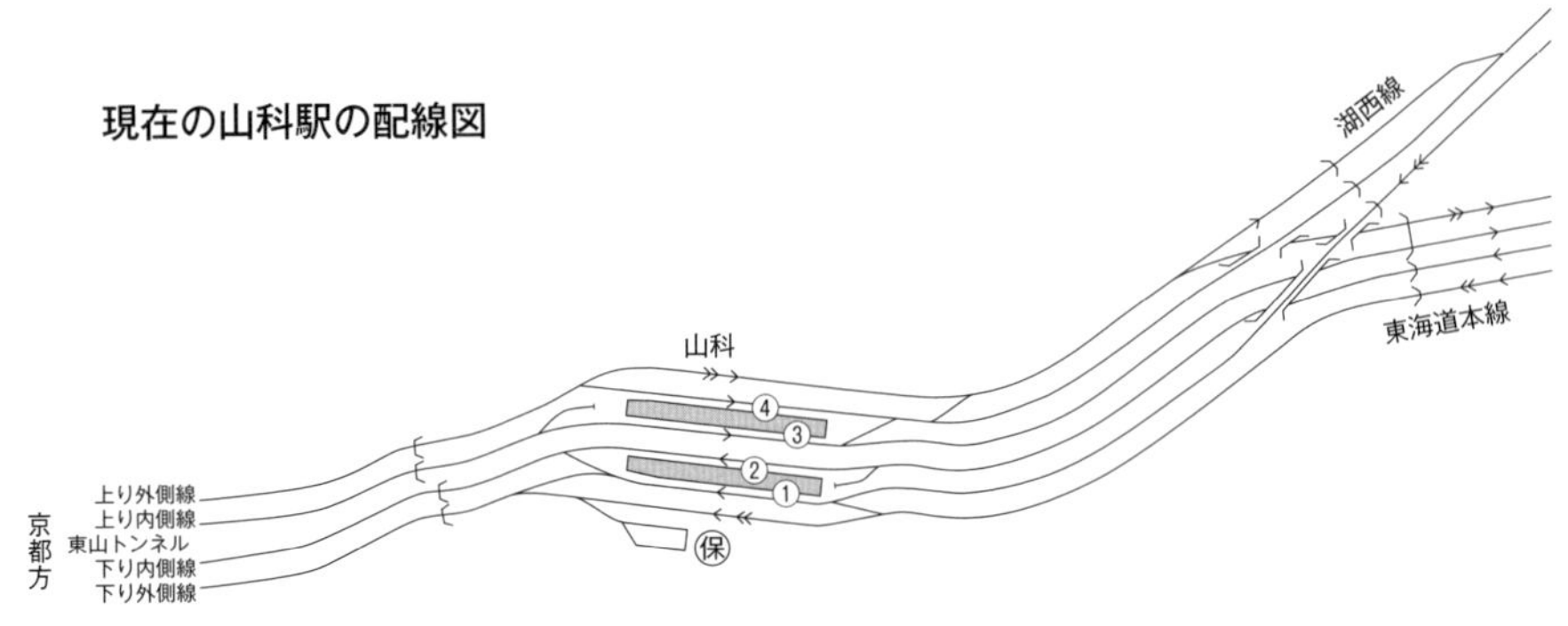

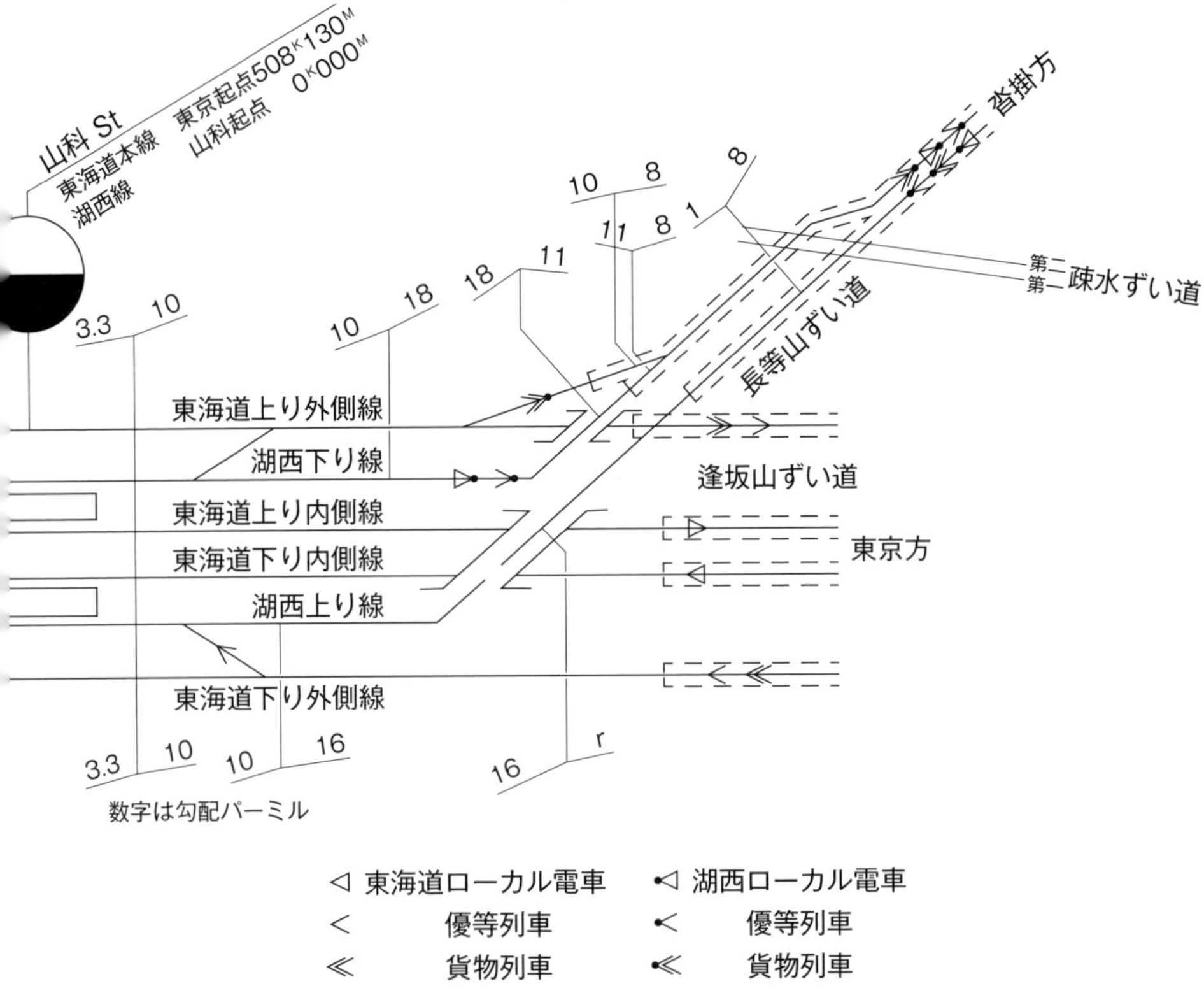

山科 St
東海道本線
湖西線
東京起点508K130M
山科起点 0K000M

沓掛方

10 8
11 8 1 8
18 11
10 18
3.3 10

第二
第一 疎水ずい道

長等山ずい道

東海道上り外側線
湖西下り線
逢坂山ずい道
東海道上り内側線
東海道下り内側線
東京方
湖西上り線
東海道下り外側線

3.3 10 10 16 16 r

数字は勾配パーミル

◁ 東海道ローカル電車 •◁ 湖西ローカル電車
< 優等列車 •< 優等列車
≪ 貨物列車 •≪ 貨物列車

片町線接続後の配線図

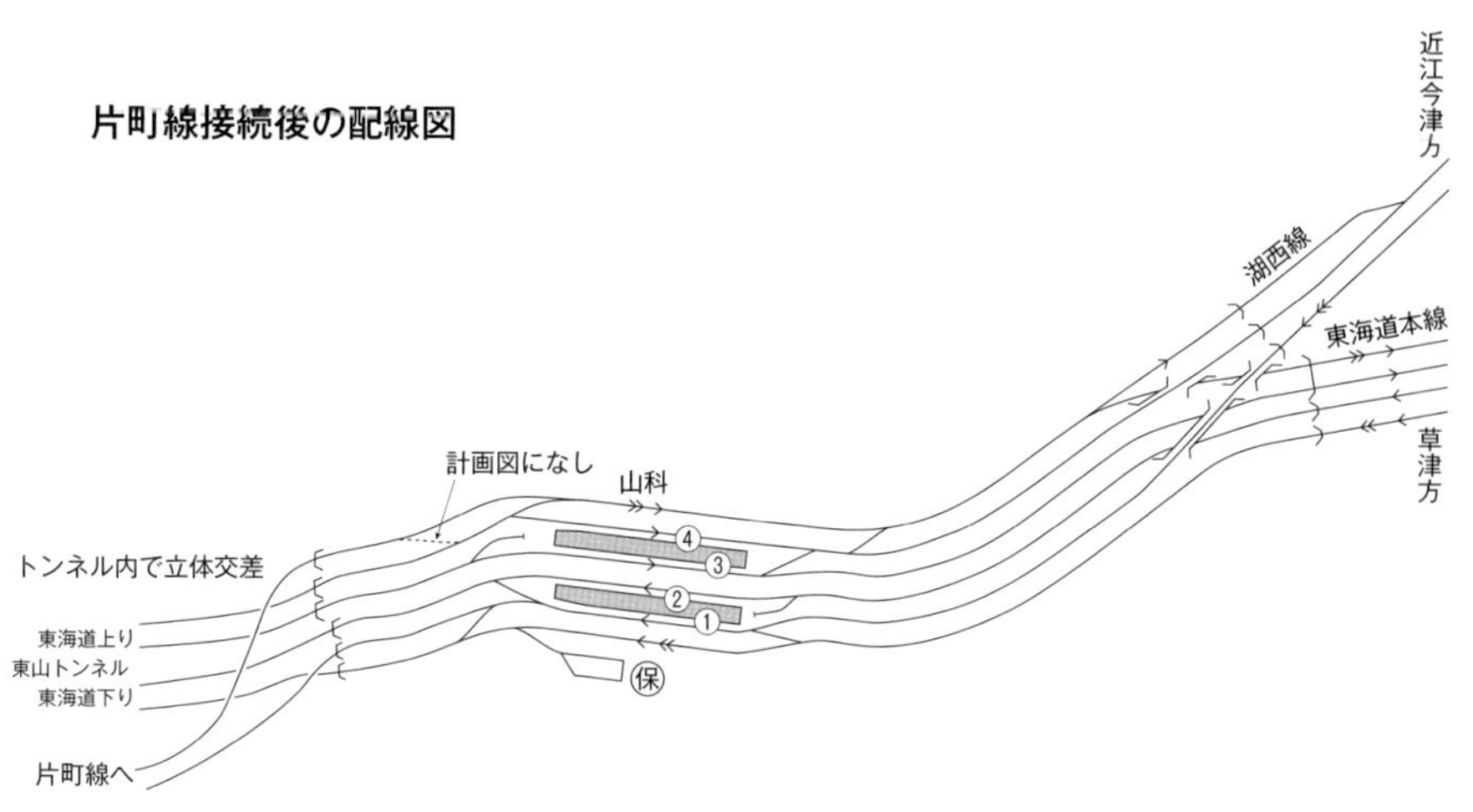

鉄道建設公団が昭和 44 年に描いた
山科駅付近配線計画略図

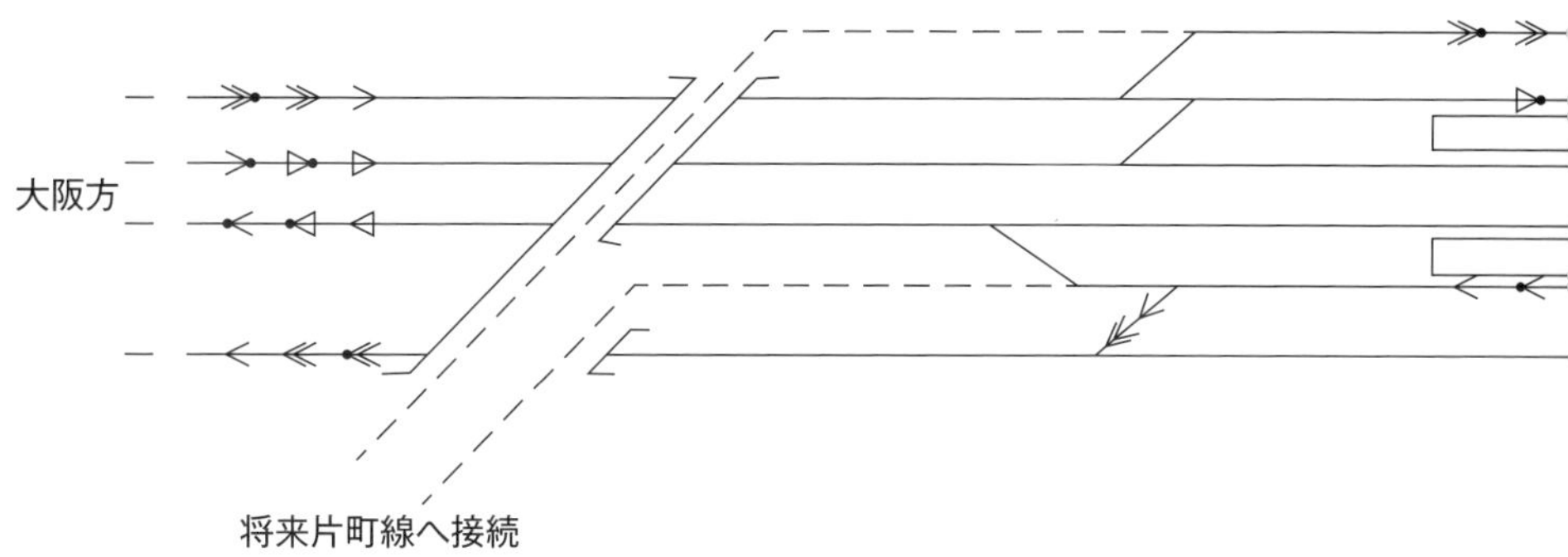

160km運転のバイパスルート

新大阪駅から外環状線（現おおさか東線）を使う場合はそのまま北上して、神崎川を渡り右カーブして城東貨物線（同）と合流する。新線とする場合はこの城東貨物線との合流付近から東進して寝屋川市を東西に突っ切り、片町線の星田駅で同線と合流する星田接続案があり、同案では長尾駅から片町線と分かれて北上、奈良線桃山駅を通って、稲荷山をトンネルで貫いて、東海道本線東山トンネルの山科方出口付近に達するものと考えられる。このため、山科の神戸方や東山トンネル山科方出口の南側に用地が確保されている。

星田接続案だと新大阪―山科間は約47km、東海道本線経由が45kmだから、これよりは長いが、このころから考えられていた高規格路線化（特甲線）による最高速度160km運転によって、同区間を20分程度で結ぶ考えであった。さらに山科駅は時速160kmで通過できる構造にして新大阪―近江塩津間はすべて160km運転とし、大阪と北陸を短時間で結ぶ計画であった。

また、片町線接続ルートをとらないで新大阪駅から山科駅まで、答申のルートをさらに短絡して結ぶことも考えられていた。これだと距離は40km程度になり、所要時間はさらに短縮される。

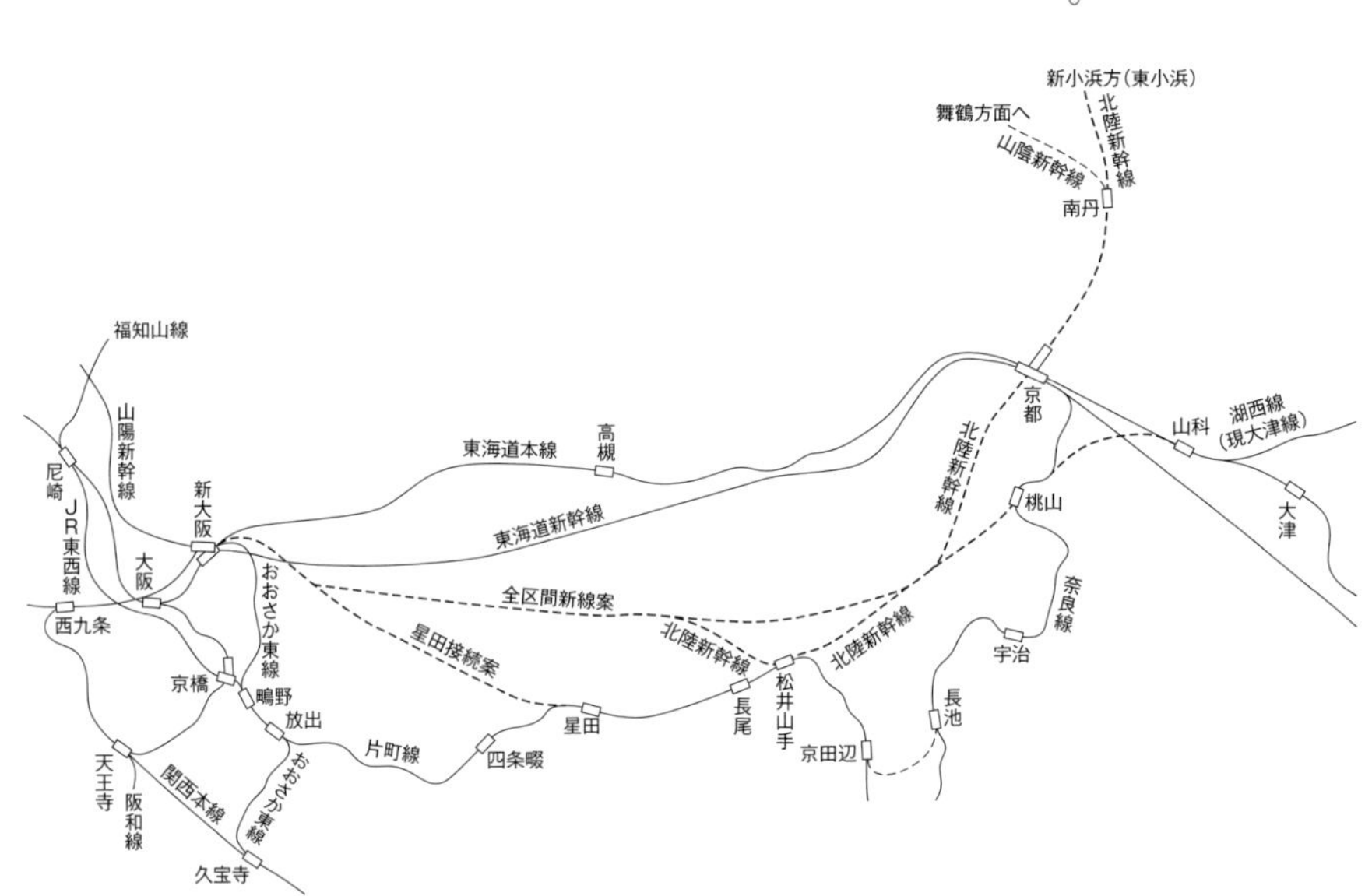

片町線流用ではなく別線の場合の路線図

片町線流用より別線で狭軌新幹線を

北陸新幹線の日本海側の平成8（1996）年時点での着工区間である金沢―石動（いするぎ）間と魚津―糸魚川間は当面、狭軌の線路（運輸省案でいうところの「新幹線規格新線」＝「東日本編」参照）を敷くことになっている。（注10）この区間では当初は160km運転とされているが、開通時は200kmあるいは250km運転となる可能性があった。

だから、北陸新幹線は在来線を使い、在来線区間は160km運転、新線区間は250km運転となる。

だが、大阪近郊では列車密度が高くて、閑散時は160km運転が可能でも、ラッシュ時は130km運転が精一杯である。だから、大阪近郊では別線の高規格線をつくったほうがよいし、東海道本線の列車密度を緩和することができる。さらに湖西線や東海道本線の一部の新快速は新線経由にして、所要時間を短縮すればいい。

この場合、片町線を流用するには同線沿線が開発されてしまい、「雷鳥」などの特急電車が割り込む余地はない。また、250km運転などはできるはずもない。

だからまったくの新線として新大阪駅から山科駅まで新幹線規格新線を建設し、250km運転を行う。こうなれば、東海道本線経由よりも20分は短縮される。大阪―富山間は平成8年時点で3時間7分で結ばれているが、金沢―石動間が新幹線規格新線による北陸新幹線が開通するころには2時間30分程度になる。短絡線を新設すれば、これが2時間10分に短縮される。

注10：現在の北陸新幹線は全区間フル規格にすることになっている。

京都寄りから見た山科駅。左側の上り外側線はホームに面していない湖西線の通過線が分かれている。その通過線に片町線からの連絡線を接続するつもりだった

同・東山トンネル寄り手前から見る。複々線の両側にもう1線ずつ線路を増設する。上り線増線は上り片町線連絡線にするが、下り線増線は東海道本線の外側線にして、現外側線を片町線連絡線にするつもりだった

高規格線構想の名残——山科駅の片町線直通準備

東山トンネル坑口手前に線増線の用地が確保されている。このあたりで上下の片町線連絡線はトンネルに入りながら立体交差させるつもりだった

山科駅から東京方を見る。湖西線が分岐するので６線構造になっている。大阪方も、片町線連絡線ができていたとすると６線構造になっていた

フル規格新幹線（運輸省案では「標準軌新線」）で300km運転をしたときは、新小浜（東小浜）、西京都（亀岡）経由と遠まわりになり1時間10分程度の所要時間となるから、その差は40分である。

とりあえず北陸新幹線は新幹線規格新線にして、さらに新大阪駅から山科駅まで別ルートにするほうがいいと考えられる。そして最終的にはフル規格に改造して、四国新幹線[注11]に乗り入れればいい。このときには東海道新幹線の山科付近から分岐線をつくれば東京から四国新幹線に直通できる。

北陸新幹線は小浜以西のルートを変更して全線フル規格で建設

平成8年時点で北陸新幹線の長野以北では西糸魚川信号場[注12]—東魚津信号場間と西石動信号場—金沢間を「新幹線規格新線」（狭軌スーパー特急）で開通させるとしていたが、軽井沢—金沢間は全線フル規格で開業、金沢—敦賀間がフル規格で現在、建設中である。敦賀以西はフリーゲージトレイン（軌間可変車両）による湖西線経由案や北陸・中京新幹線として米原駅で東海道新幹線と接続する案、そして新小浜（小浜線東小浜駅）、西京都（馬堀—亀岡駅間に設置）駅を経て南下、新大阪駅に達して新幹線新大阪ホームと十字交差した地下に設置する原案どおりという3ルートが検討された。検討時に舞鶴経由も舞鶴市などから要望があったが、あまりにも遠回りすぎるとして取り下げられた。

結局、原案どおりが一番ということになったが、京都駅を通らないのはけしからん

注11：四国新幹線は起点が大阪市付近、終点が大分市付近、経由地は徳島市付近、高松市付近、松山市付近となっている。

注12：糸魚川駅は在来線ホームを使用、姫川を渡った先に西糸魚川信号場を設置してここから新幹線規格新線が分岐するとしていた。同様に魚津駅の東側に東魚津信号場、石動駅の西側に西石動信号場を設置するとしていた。当初は西高岡信号場を置いて分岐する予定だったが、小矢部市内にある石動駅にスーパー特急を停車することを要望して西石動信号場分岐にした経緯がある。

という横やりが京都市から入り、京都市街地を地下で通って京都駅経由に変更された。「のぞみ」が停車する東海道新幹線に連絡すれば東京方面から北陸方面に便利になるからだが、東海道新幹線と北陸新幹線とで直通することには言及されなかった。

それよりも京都―新大阪間で東海道新幹線と二重になることは芸がない。京都駅から東海道新幹線に乗り入れるのがベターだが、同区間はJR東海の路線であり、運行会社が異なる。そこで京都駅から北回り案と南回り案が検討され、片町線松井山手駅付近に新幹線駅を置く南回り案に決定した。要するに、湖西線を延長して片町線に一度接続のうえ新大阪駅に達する高規格路線のルートを新幹線で具現化したことになる。

JR西日本としては、新大阪駅の新幹線ホーム横の宮原操車場（正式には網干総合車両所宮原支所）地下に北陸新幹線の駅を設置して山陽新幹線と直通運転をすることを考えている。新幹線ホームの地下にはリニア中央新幹線の駅も設置されるから乗り換えも便利である。しかし、山陽新幹線と東海道新幹線との直通運転を中止するかどうかについては言及されていない。

国鉄時代は、新幹線新大阪駅と直角に交差して南下、大阪駅、天王寺駅を経由して基本計画には取り上げられていない「紀勢新幹線」として新宮あたりまで建設することを構想していた。

新大阪駅の地下を通るならば、そのまま西進して神戸の湾岸から海底トンネルで淡路に達して四国新幹線と直通する、または南下して関西空港経由で紀淡海峡を渡って淡路に達するほうがいいとか、もともと新大阪駅に向かわずに松井山手の新駅から大阪駅、そして難波駅、関西空港、和歌山と進んでから紀淡海峡を渡ればいいとかの議論がなされている。

基本計画で山陰新幹線（大阪市―鳥取市付近―松江市付近―下関市間）が取り上げられているが、いつまで経っても整備新幹線にすら昇格されていない。そこで北陸新幹線の新小浜―京都間の南丹市付近で分岐して、とりあえずは鳥取付近までの山陰新幹線を建設することで、国土交通省が分岐について調査することになった。

新大阪駅の在来線ホームの東側にあった増設ホームは東海道・山陽線と福知山線の長距離列車ホームに転用された。これに伴って東海道本線の電車線や上り列車線も順次東側に移転して、おおさか東線の電車は西側の1～3番線で発着（1番線は加美方面、他は大阪駅うめきたホーム行）するようにした。

大阪北部の環状ルート――阪急の新線計画

阪急は環状線を形成しようとした

平成8（1996）年当時の阪急電鉄は、免許線として淡路―新大阪―十三間と新大阪―神崎川間を持っている。免許取得は昭和36（1961）年である。この二つの免許線のほかに、かつては神崎川―曽根間、南千里―桜井間、北千里―箕面市北方間、伊丹―宝塚間、塚口―（阪神）尼崎間の免許線・特許線を持っていた。(注13)

阪急には各種の免特許線・計画線があったため、北千里の北側には今でも軌道敷が240mほど延びて引上・留置線が置かれている。地下鉄御堂筋線の新大阪駅の上は新幹線北側に阪急新大阪駅が直交してつくられる構造となっている。島式ホーム2面4線が設置できるようにしていたが、新幹線寄りの1線ぶん程度は新幹線の増設発着線の27番線の高架スペースに使われるようになった。

新大阪駅前後の新幹線高架部分には阪急新線を考慮した用地が確保され、新幹線の高架橋の下を交差できるようにこの高架橋の橋脚が広がっている。また、震災前の伊丹駅は明らかに先へ延ばせる構造になっていた。

これらができると、新大阪―淡路―南千里―桜井―石橋―曽根―神崎川―新大阪と大阪北部に環状線を形成することになり、阪急はこれに大いに期待した。環状ルート自体

注13：免許線は地方鉄道の路線免許で、特許線は路面電車（軌道線）の路線免許のことである。阪急の神戸・宝塚両線は阪神や京阪などと同じく、1978年までは軌道として特許されていた。ただし、新設軌道という特例によって、地方鉄道法規が準用されていた。その後、地方鉄道は国鉄分割民営化に伴い名称が普通鉄道に変更されている。なお、京阪の東福寺―三条間は現在でも軌道法による新設軌道である。道路整備の予算で地下化されたためである。

にはそれほど意味はないが、神戸・宝塚・京都の各線は新大阪駅を核に結ばれ、各線相互の直通運転ができ、また、伊丹線の北部延長とともに各線の混雑緩和にも寄与することになる。

平成8年時点で、免許線は淡路―新大阪―十三間と新大阪―神崎川間だけで、残りのすべての免特許線を失効させている。運輸政策審議会答申第10号では「新大阪連絡線」として淡路―新大阪―十三間が、さらに「なにわ筋連絡線」として十三―梅田北間が取り上げられているのみで、京都線の新大阪経由のバイパスルートをつくることは残していた。規模はだいぶ縮小されたのである。

新大阪付近は、東海道新幹線建設時から用地が確保されており、他の区間も用地買収が一部なされていた。環状線計画のうち新大阪―十三間だけがなんとか可能なように残している。

また、当初千里延長線のほかに北千里山線という支線として南千里―北千里間が開業した。それにともなって地下鉄御堂筋線の延長線である江坂―千里中央間を大阪市営地下鉄として開業するのを阻止するために、阪急は自社が54％、残りは大阪府や関西電力、大阪瓦斯、大手都市銀行が出資して設立した北大阪急行電鉄によって開通させた。これによって阪急北千里山線は千里線に編入された。

このため、阪急千里線の本線にあたる南千里―千里中央―牧落間の計画は中止され、新たに開通した北千里山線の北千里駅から箕面市北部を経由して箕面線につなぐことにした。北千里開通時に箕面市北部への延長を想定して留置線の北側に大阪府によって路盤がつくられたが、これを利用するものである。

北大阪急行も千里中央駅から白島（はくしま）まで延長を予定しており（現在は萱野駅の駅名に変更して同駅まで建設中）、それとの兼ね合いで千里線の延長はペンディングになっている。北大阪急行は阪急が株の54％を持つ子会社であり、2線とも延伸する必要性があるかどうかがキーポイントとなろう。

伊丹線の南北への延長は、戦前の阪神電鉄との確執の遺物である。阪神が尼崎―宝塚間の尼宝線を建設しようとする動きに対抗して、阪急は伊丹線を、尼崎の中心にある阪神の尼崎駅まで南進するとともに、神戸線と同じ高速電車路線として伊

阪急大阪千里環状線

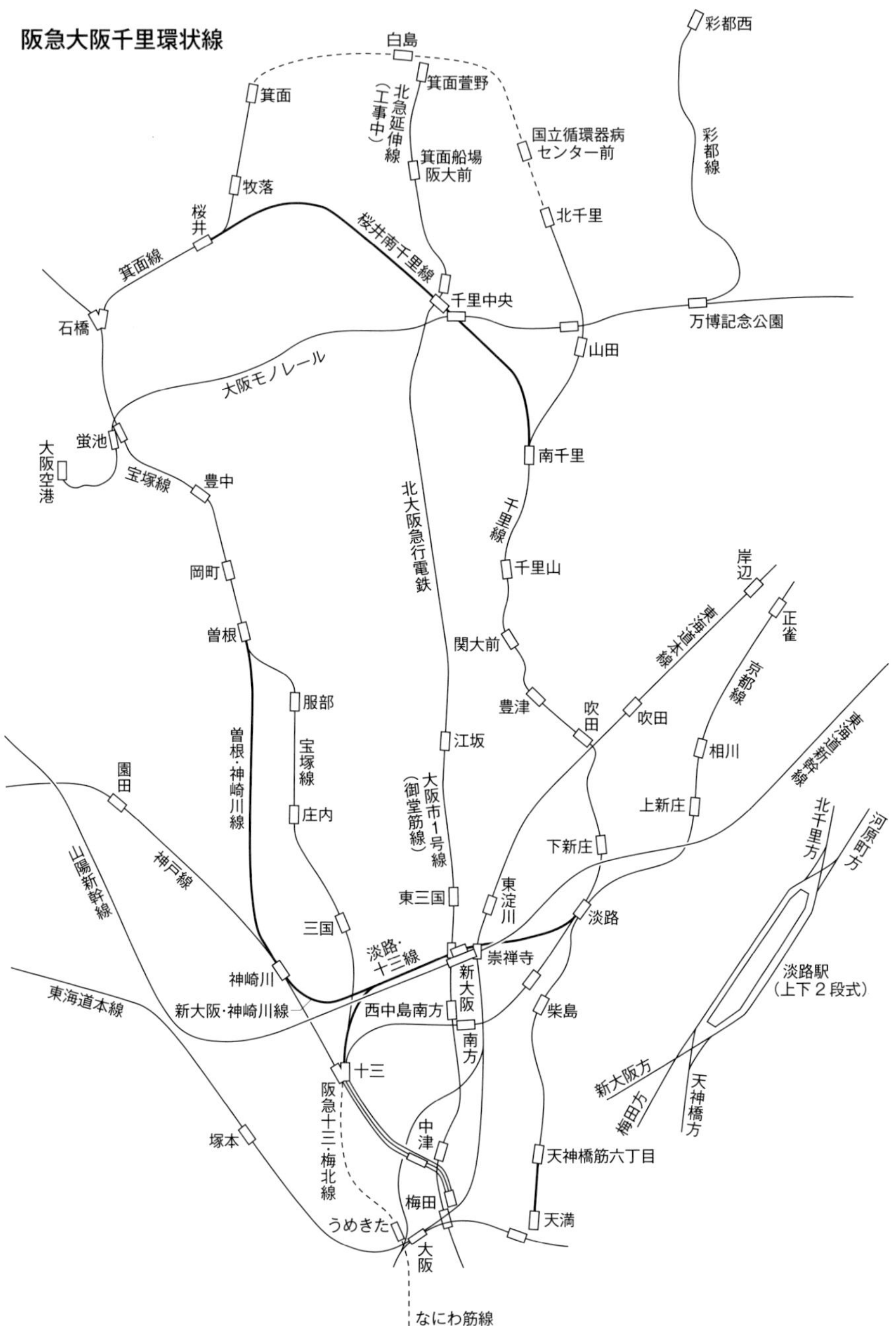
白島
彩都西
箕面
箕面萱野
北急延伸線（工事中）
国立循環器病センター前
彩都線
箕面船場阪大前
牧落
桜井
桜井南千里線
北千里
箕面線
千里中央
万博記念公園
石橋
山田
大阪モノレール
蛍池
南千里
大阪空港
宝塚線
豊中
千里線
北大阪急行電鉄
千里山
岡町
岸辺
東海道本線
曽根
関大前
正雀
京都線
服部
豊津
吹田
吹田
東海道新幹線
曽根・神崎川線
宝塚線
江坂
相川
園田
大阪市1号線（御堂筋線）
上新庄
庄内
北千里方
河原町方
下新庄
山陽新幹線
神戸線
東三国
東淀川
淡路
三国
淡路・十三線
崇禅寺
神崎川
淡路駅（上下2段式）
新大阪
東海道本線
新大阪・神崎川線
西中島南方
柴島
南方
十三
新大阪方
天神橋方
梅田方
阪急十三・梅北線
塚本
中津
天神橋筋六丁目
梅田
天満
うめきた
大阪
なにわ筋線

阪急尼崎・西宮、宝塚循環線

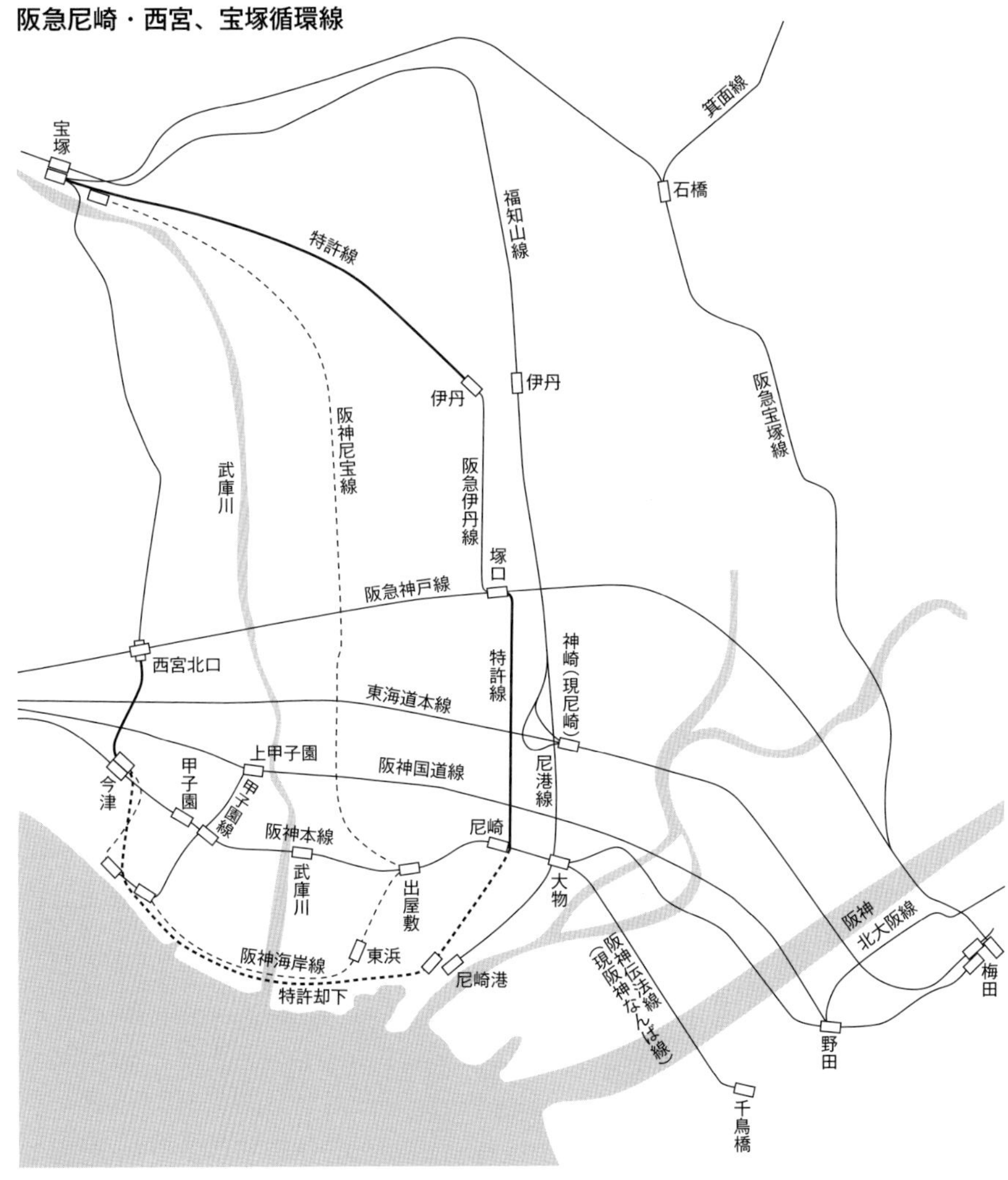

丹駅から宝塚駅に北進路線の特許を取得したのである。なお、阪神尼宝線は結局バス専用道となり、現在は県道となっている。

伊丹駅は高架化したときに北への延長を考慮して、明らかに島式ホーム2面4線の中間駅タイプになる構造でつくられていた。その後、特許は失効し、伊丹駅は残念ながら阪神・淡路大震災によって崩壊したために、旧駅の南、400mに仮駅を設けて復旧、その後、本駅部分の北側をバスターミナルを中心にしたロータリーにして、3両編成対応の頭端島式ホーム1面2線と、規模を縮小して復旧した。

1995年当時の状況1 新大阪連絡線のルート

新大阪連絡線の淡路駅から新大阪手前までは家が建て込んでいて、用地は一部だけしか確保されていない。淡路駅付近は連続立体交差事業が計画され、淡路駅は上下2段式でそれぞれ島式ホーム1面2線となって、合わせて2面4線になる。南側で京都線と千里線が分岐する。その京都線から新大阪連絡線がさらに分岐する。その先、新大阪駅までの間にはポツポツと用地が確保されている。

新幹線新大阪駅の東方300m付近で新幹線と交差する。東海道新幹線建設時にすでに斜め交差用の空間が設けられ、その前後の用地は確保されている。

新幹線とともに東海道本線と直交しながら、新幹線の北側を並行する。阪急が上を通る予定の東海道本線の一部分には支柱が建植されている。阪急新大阪駅は島式のホーム2面4線で、駅部分で御堂筋線とも直交するので、御堂筋線の上部にはすでにその用意がされている。

新大阪駅を出ると複々線になる。複線の一方が十三へ、もう一方が神崎川への線路別複々線である。新大阪駅は方向別ホームなので、複雑な配線で方向別から線路別に切り替わる。用地はすでに確保され、阪急系のバスやタクシー会社の車庫などに利用されている。

新大阪駅の東京寄りにぽっかり開いている阪急淡路新大阪線の空間。複線高架で斜めに新幹線をくぐる予定だった
1995年6月撮影

同・阪急新大阪駅寄りから見る。左にビジネスホテルのコロナホテルが建っている
1995年6月撮影

コロナホテルから見た新幹線阪急乗越橋。新幹線高架橋橋脚が線路と斜めに通って設置されているのがわかる
2009年1月撮影

2021年6月に見た淡路新大阪線の空間。まったく変わっていないまま放置されている

手前の道路から反対側を見ると淡路への用地がまだ残っている
2021年6月撮影

北方貨物線越しに在来線新大阪駅を見る。在来線ホームに阪急淡路新大阪線の橋脚が設置されていた。
2011年に撤去
1995年6月撮影

新幹線新大阪駅の壁から張り出していた淡路新大阪線の橋脚
2011年に撤去
1995年6月撮影

地下鉄御堂筋線新大阪駅が新幹線と交差した北側に、阪急新大阪駅の2面4線のホームが1964年から設置されていた
1996年6月撮影

北側にあるホテルから見た阪急新大阪駅。島式ホーム2面4線が準備しているのがわかる。雨漏りがするようになったので、路盤、ホームとも補修している
2007年6月撮影

新大阪駅の26番線越しに見た阪急新大阪駅の路盤
1995年6月撮影

阪急新大阪駅の東側の用地には新大阪阪急ビルが建ち、阪急新大阪駅の南側線路用地はJR東海が譲受、新幹線27番線と片面ホーム設置が設置された
2021年6月撮影

新大阪阪急ビルと新幹線27番線に利用されたとしても、片面ホームと島式ホーム各1面3線の設置は可能である
2021年6月撮影

新大阪十三線と新大阪神崎川線のために阪急宝塚線手前まで複々線用地が確保されていた。複々線のうち新幹線寄りの2線は十三方面に向かうために、用地はややカーブして取得されている
1995年6月撮影

左の駐車場が阪急新線用地。十三駅へはその先で山陽新幹線を斜めに交差する。山陽新幹線岡山開業時からすでに用意されている。奥に阪急宝塚線の線路が新幹線と直交している
1995年6月撮影

新大阪駅27番線と電留検査線の1線を増設するために、複々線の一部用地はJR東海に譲渡されて、27番線への高架線が設置されている
2021年6月撮影

新幹線の北側を複々線で進み、宝塚線の手前で十三への線路は左カーブし新幹線の下を斜めにくぐる。そのための空間も山陽新幹線建設時にすでに空けられている。地上にはJRの北方貨物線（宮原回送線も兼ねる）が走っており、その上を通るから二重立体交差になる。そして宝塚線と並行して十三駅に至る。この付近の宝塚線は連続立体交差事業によって高架化されているが、新大阪連絡線の用地はあまり確保されていない。

もう一方の複線である神崎川方面のほうの新幹線との並行部分の用地はほとんど確保されていないが、神戸線から分岐して新幹線に取り付くカーブ部分は確保されている。

1995年当時の状況2　北千里—箕面間のルート

千里線南千里駅は相対式ホーム2面2線だが、ここから千里中央駅への本線と現行の北千里駅への支線が分岐する予定だったので、島式ホーム2面4線にできるように用意されていた。南千里駅の北千里方はホームが延伸されたり拡幅されたりしてわからなくなっているが、淡路方ははっきりとそれがわかる。上り線の2号線の反対側にあった3号線の路盤も残っている。(注14) 千里中央駅への本線線路は早期に建設を放棄されたので用地は売却されており、遺物というものはなにもない。

北千里駅から先は、青山台中学校あたりまでは引上留置線となっており、2本の線路が延びている。その先も国立循環器病センター（現在はJR岸辺駅付近に移転）近くまでずっと路盤が確保されており、循環器病センター前にはテニスコートや薬局な

注14：阪急の発着番線などは○号線と呼ぶ。

新大阪十三線が山陽新幹線を斜めにくぐり抜ける空間はそのまま残されている
2021年6月撮影

阪急宝塚線の西側にある中層マンションから、1996年6月撮影。新大阪十三線が新幹線の下をカーブして宝塚線と並行できる空間があるのがわかる。また、新大阪神崎川線の線路もできるように山陽新幹線に並行して少し空間がある

同・新神戸方を見る。走っている新幹線電車の中央あたりで阪急神戸線が十字交差している。その手前側、新幹線の北側にあるマンション（矢印）は新幹線と斜めに建っている。この左斜めの新幹線側に新大阪神崎川線を通す予定だった

どがあるが、これらは簡易に建てられており、すぐに撤去できるようになっている。しかし、これらの用地は阪急ではなく大阪府の所有である。ここから北側の用地は確保されていない。公務員住宅や私立病院が立ちはばんでいる。用地を確保するのは大変である。

当初の環状線計画では、千里中央駅から新御堂筋を斜め横断して北西に進み、箕面線の桜井駅に達することが考えられていた。箕面線の桜井駅から箕面に向かって左カーブするところに、まっすぐ進める用地が確保されている。現在は緑地帯になっている。北千里駅からの延長に変更されてからは、そのまま北上して西国街道と交差、現在の府道中央線を通って西進して白島を経由し、箕面駅で箕面線と接続することが考えられていたようである。しかし、こちらの用地は確保されていない。

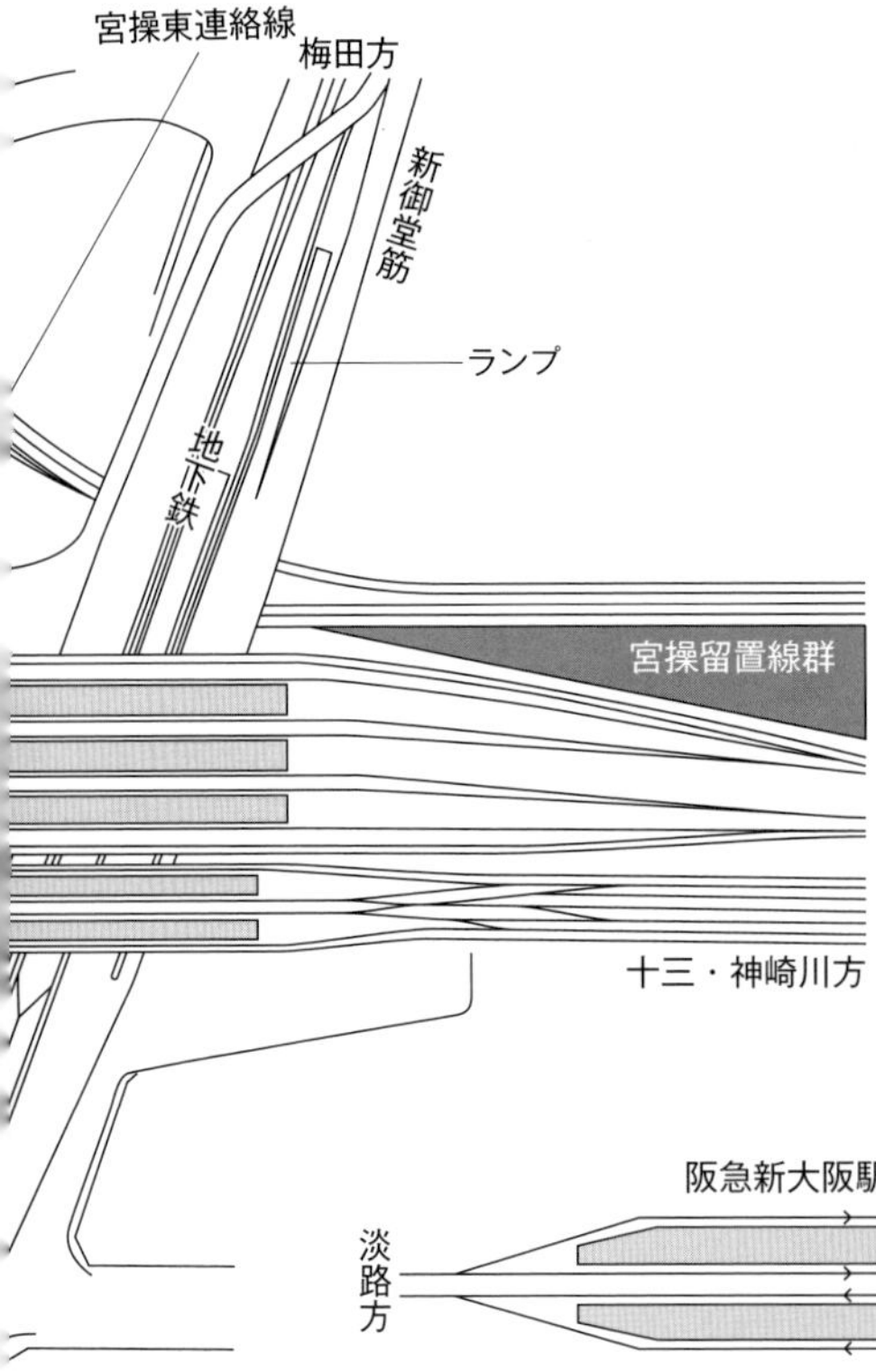

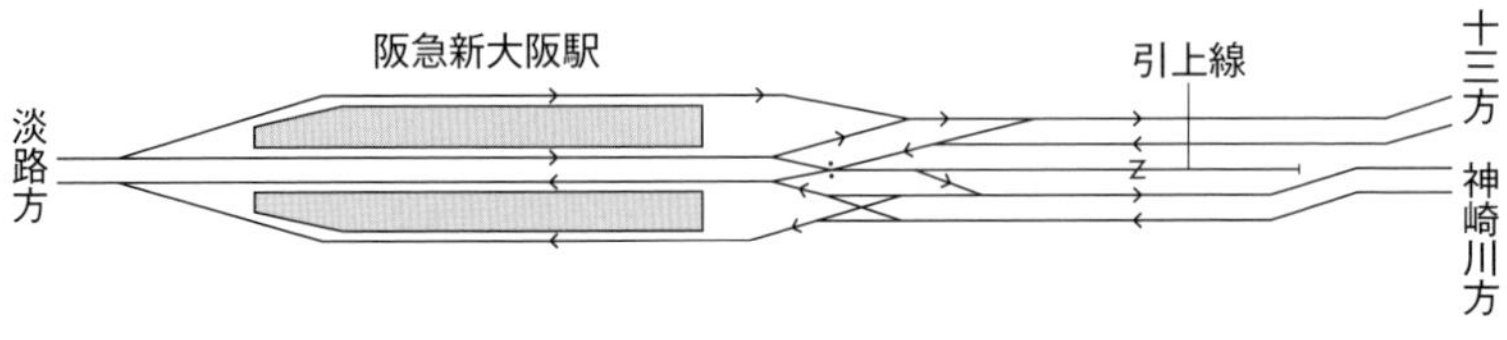

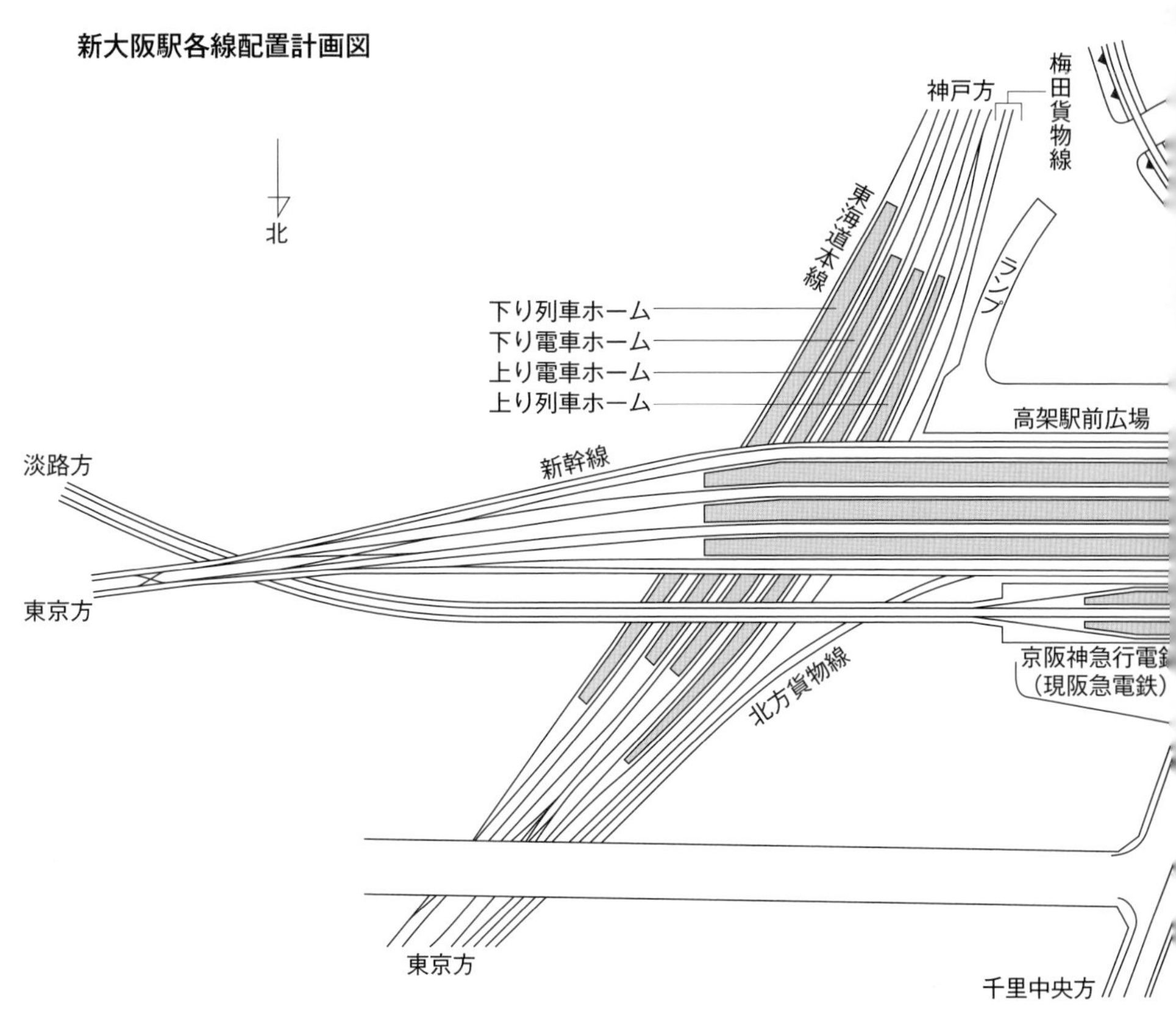
新大阪駅各線配置計画図
北
神戸方
梅田貨物線
東海道本線
ランプ
下り列車ホーム
下り電車ホーム
上り電車ホーム
上り列車ホーム
高架駅前広場
淡路方
新幹線
東京方
北方貨物線
京阪神急行電
（現阪急電鉄）
東京方
千里中央方

箕面市北部は空き地も多いが結構住宅地化されている。白島側もそうだが、反対方向の茨木市側も家が多くなっており、また、国際文化公園都市を建設中で、ここには大阪モノレール（大阪高速鉄道）が万博記念公園駅からの支線を延ばす予定（現在は開業）である。しかし、モノレールでは輸送力が限られる。大阪都心に行くには乗り換えもしなくてはならない。千里線はこちらへの延伸を考慮してもいいように考えられる。

北千里駅から府立北千里高校への通学生が登下校時に延長線の路盤横の府道をぞろぞろ歩いている。バスに乗るほどの距離ではないが、それでも1㎞ほどはある。また、国立循環器病センターへ行く人も多いが、歩くのはきついからバスを利用している。周囲は完全に住宅地になっている。せめて、路盤がある循環器病センター付近まで延伸してもいい。

淡路新大阪線のために確保した用地の端から新大阪方を見る。奥に東海道新幹線の線路があるのが見える。2021年7月撮影

淡路駅の十三寄りで阪急京都線と並行する区道983号から右に府道歌島豊里線が分岐している個所。この府道は新大阪方向に向けて貫通している。淡路新大阪線はそれよりも奥で分岐して右カーブする予定だったが、用地の確保はほとんどされていない
2021年7月撮影

淡路寄りから見た阪急千里線南千里駅。千里中央への本線はここから分岐する予定だったので島式ホーム2面4線にできるようになっている
以下南千里駅の写真は2021年7月撮影

淡路寄りから下りホームを見る。右の用地は南千里駅が千里線の終点駅として開業した時にあった3号線の路盤

同・淡路方面に向かって見る

3号線の終端側から淡路方を見る

同・かつての車止め

南千里駅の下り線側の高架線を下側から見る。こちらも副本線が設置できる準備構造になっている

北千里駅はホームの先に引上留置線がある。その先にも路盤が用意されていた
1995年6月撮影

複線路盤は旧循環器病センターまで続いていた
1995年6月撮影

複線路盤は売却され、一部には住宅が建っている
2021年7月撮影

桜井駅の箕面寄りにある千里山桜井線の分岐用地
2009年1月撮影

阪急宝塚線曽根駅から十三方を見る。宝塚線は左にカーブするが、まっすぐ南下する方向に豊島公園の緑地帯が見える
2021年6月撮影

阪急神戸線の神崎川橋梁の神戸寄りにある阪急資材置き場。ここで曽根神崎川線が合流する予定だった
2021年7月撮影

同・近接して見る
2021年7月撮影

1995年当時の状況3　伊丹線の南北延長ルート

塚口駅の梅田方には、使用されていない用地が確保されていた。今は北側に並行する道路の用地に利用されてスペースは狭くなっている。その手前に踏切があり、また伊丹線電車が冒進したときに備えて安全側線が置かれている。安全側線の北側には阪急電車の倉庫、伊丹線の発着線の北には植栽が置かれている。一部は売却されたようで狭くなっているが、以前はもっと広かった。また、神戸線についでは踏切を越えた先で梅田方向に向いて左側（北側）に単線の線路が敷ける用地があった。今は神戸線の園田駅が高架になって塚口駅の梅田寄りは低めの高架になっている。その単線路盤の用地の一部は道路に並行して植え込みが置かれている。

塚口駅の伊丹線の発着線を2線にしてもう1面のホームを設置することができるようにしていた。さらに伊丹線は踏切を越えてから神戸線と立体交差をして、県道尼崎池田線に並行して南下、阪神尼崎に達する予定だったようである。

伊丹以北はほぼ北西にまっすぐ進んで、中国自動車道付

塚口駅は地平にあるが、手前の園田寄りは高架になっている。地平時代は阪神尼崎方面の延伸のための用地があった。今でもその名残が並行する道路にある。2021年7月撮影

近で西北西に向きを変えて、清荒神（きよしこうじん）駅の先で宝塚線と合流する予定だった。そのための用地も確保されていたが、これも放棄されたのでほとんどは売却された。

阪神・淡路大震災で大きな被害を受けた伊丹駅の構築物は、撤去され更地になった。震災後の一時期、一部は仮設建物が建てられスーパーマーケットが営業していた。その先は自転車置場が延長予定線上にあり、さらにその先は県道が交差し、その向こうに公園がある。犠牲者が出た伊丹駅前交番はこの公園に仮設で設置されていた。

復旧後の伊丹駅は、東西にあった駅前広場と駅敷地は駅ビルとなり、3階に短い頭端島式ホーム1面2線を設置、北側の自転車置場等と新しい駅前広場ができた。

このため北進の目は小さくなったことになるが、それでも北進を考慮した構造で復旧している。伊丹駅から県道334号までは延ばそうと思えば延ばせる。

その先は住宅地になっている。伊丹市北部は鉄道空白地帯であり、なんらかの鉄道が必要という意見も強い。阪神間地下鉄ということで、第三セクター鉄道によって宝塚—伊丹—尼崎—大阪西部間の地下鉄線をつくる案も出ている。それならばそのルート上を走る伊丹線を南北に延伸し、阪

伊丹線が分岐する塚口駅。伊丹線のホームは片面だが、相対式にする用地は残されている。2021年7月撮影

阪神大震災前の阪急伊丹駅。頭端島式ホーム2面3線になっていたが、宝塚方面延伸時には島式ホーム2面4線にする予定で高架化されていた
1988年8月撮影

1995年1月の阪神大震災によって伊丹駅は崩壊、3月に手前の地平区間に仮駅を設置して運転再開した。崩壊した駅跡を4月に撮影

復旧後は頭端島式ホーム1面2線のコンパクトな駅になった
1999年12月撮影

塚口寄りのホーム端から見た伊丹駅。1999年12月撮影

終端部は延伸可能なように設計された
2009年1月撮影

終端の先はバスストップになっているが、延伸用地はその奥まで残されている
2009年1月撮影

バスストップから伊丹駅を見る
2021年6月撮影

延伸用地の奥を見る
2009年1月撮影

延伸用地は歩道になっている
2021年6月撮影

神西大阪線（現阪神なんば線）に乗り入れればすむことである。

従来、阪神と阪急の相互直通などということはまったく考えられなかった。だが、震災やJR西日本の攻勢で、阪神と阪急は手を結んでJRに対抗するようになった。両社いずれかの梅田―三宮―高速神戸間の通勤定期券を持っていれば、いずれの電車に乗ってもいいようになり、しかも途中下車（三宮、元町、西元町、花隈）も可能である。自動改札機に直接投入して出入りできるストアードフェアシステム「スルッとKANSAI」が導入され、阪神の「らくやんカード」や阪急の「ラガールカード」が、大阪地下鉄などの同様のカードとともに共通使用できるようになっている。宝塚駅から、阪神が延長をした大阪難波駅まで、直通電車が走ることは、あながち考えられないことではないのである。

なお、曽根―神崎川間は完全に放棄している。曽根付近は高架化されたが、分岐線の用意などはしていない。神崎川側もそうである。

1995年当時の私見　新大阪連絡線はどうなるか

新大阪連絡線は、1995年時点では大阪府が中心となっている淡路駅付近連続立体交差事業に合わせて取りかかることになるが、これもあまり進展していない。用地買収は東海道新幹線開通時点からまったく進展していないといえるほどそのままで、確保した用地も放置状態である。

神崎川方へは、それ以上になにもしていないといえる。この状況下ではいつ開業するかの目処は立っていない。

とはいえ十三駅まで開業すれば、阪急京都線の特急・急行はすべて新大阪経由となり、阪急沿線から新幹線に乗るのが便利になる。神崎川駅まで開業すれば、京都河原町―新大阪―高速神戸―須磨浦公園間の特急が運転されることになり、うまくいけば須磨浦公園から先の姫路まで乗り入れて、河原町―姫路間の特急の運転ということも期待できる。

北千里延長は白島を経て箕面までよりも、国際文化都市公園方面に延ばして、その足としたほうがよい。モノレールでは不便だからである。この場合、各駅停車では時間がかかりすぎるから、南千里駅を待避線駅にして急行の運転も考えていい。

現況　新大阪連絡線は関西空港と直結した路線に変更

新大阪連絡線のうち淡路―新大阪間の建設はあきらめた。というのは新大阪駅近くでは用地が確保されているが、淡路近くでは確保されておらず用地買収に手こずるどころか不可能だと判断されたのである。そのため同区間の免許は返上した。現在、淡路駅は上下線を分けた2段式の2重高架の島式ホーム2面4線の高架化工事中である。当初の計画では淡路駅の梅田寄りで新大阪連絡線を分岐させるという単純な配線にする予定だったが、これも中止された。

新大阪駅から西側の山陽新幹線と並行する区間では、十三方面と神崎川方面への線路に分けた線路別複々線にして阪急新大阪駅は島式ホーム2面4線にする予定だったが、阪急新大阪駅予定地には新大阪阪急ビルが建てられたほかに1線分プラスアルファの敷地をJR東海に譲渡して、東海道新幹線の27番線とそれに面した片面ホーム、博多寄りに検修引上線1線を増設するために、北側にずらせた山陽新幹線上り本線に使用されている。

このため阪急新大阪駅は地下鉄御堂筋線と交差するあたりから西側に設置されることになる。ただし新大阪阪急ビルの4階あたりは阪急新大阪連絡線が乗り入れるような構造になっているという噂はある。

十三駅で阪急新大阪連絡線は新たに建設される予定の西梅田―十三間の西梅田十三線と接続し、同線はやはり建設予定のなにわ筋線（JRは大阪駅うめきたホームからJR難波駅まで、南海は途中から新難波駅まで）と接続して南海本線経由の関西空港―新大阪間の空港連絡列車を走らせることが決まっている。

南海本線と南海空港線、なにわ筋線は狭軌1067㎜だから、阪急西梅田十三線と新大阪連絡線も狭軌線で造られる。阪急の各線は標準軌1435㎜なので新大阪連絡線に乗り入れることができない。

乗り入れるとすれば狭軌・標準軌併用の3線軌または4線軌にする必要がある。西梅田十三線の西梅田駅はJR大阪駅のうめきた地下ホームに乗り入れるわけにはいかない。それとは別の場所に造られる。やはり別名の地下駅（おそらく阪急・南海うめきた）になる。同駅から淀川を横切るには川底の地下を通ることになる。

そうすると同線の十三駅は地下深いところに設置するので、地上にある既存の阪急十三駅の各線と線路を接続するわけにはいかない。だから狭軌線で建設しても問題はないのである。

曽根神崎川線の建設はあきらめたが、曽根駅の南側に用地が確保されていた。現在は豊島公園西側の遊歩道に転用されている。神崎川駅の神崎川べりの北側にも用地が確保され、阪急の資材置き場になっている。

北千里駅の北側にあった線路用地については、筆者の先輩で阪急の元社長だった方から聞いた話では、国立循環器病センターへの足として大阪府が勝手に用意したもので阪急としては関与していないとのことを退職後にお聞きした。その国立循環器病センターはＪＲ岸辺駅近くの吹田操車場跡に移転したため、北千里駅からの線路用地は売却されて住宅が建ち始めている。

先輩の話では、現伊丹駅についても宝塚方面への延伸は当然、考慮しているとのことである。終端側を大きなガラス張りにしているのはそのためであり、ここから延ばせるようにしているとのことである。

阪急の諸計画についてもいろいろ裏話があるようだった。西宮北口駅で分断されている今津線は、西宮北口付近を高架にして現在のコンコースに線路を通せるように準備した構造になっているとの話は聞いた。もっとそれらの詳しいことをＯＢ会で会ってお聞きしようと思っていたが、その後、お亡くなりになってしまい、もうお聞きすることはできなくなってしまった。残念なことである。なお、現役時代には、まったくそのような話はされなかったが、「今津―西宮北口間の今津南線は今津駅で阪神と再び接続して阪神が第２種鉄道として運行し、阪神なんば線、さらには近鉄奈良線と直通する電車を走らせたら、ええねんけどなあ」とおっしゃっていた。

海を渡る新幹線――瀬戸大橋と大鳴門橋の構造物

二つの新幹線ルートが考えられていた

ＪＲ瀬戸大橋線、正式には本四備讃(ほんしびさん)線は、在来線と新幹線の２線を通す予定だった。橋梁部の高速道路下を通っている鉄道部分は複々線のスペースがある。現在は複線の在来線しか通っていないが、岡山市―高知市間の四国横断新幹線が建設されると、在来線の複線は東側に寄せて、四国横断新幹線が西側の複線敷を使うことになっている。さらに四国横断新幹線は、松江市―岡山市間の中国横断新幹線が建設された場合は両新幹線を直通運転して「中四横断新幹線」とすることも考えられている。

また、大鳴門橋は道路・鉄道併用橋で造られており、下部は新幹線が走れるようになっている。こちらは大阪市―大分市間の四国新幹線として準備されている。しかし、淡路島の北側に建設中の明石海峡大橋は道路単独橋で造られている。明石海峡大橋は下に大型船を通すため高くなっており、橋の中央を頂点として前後は30‰(注15)の勾配となるので、新幹線を走らせるには無理があると判断されたためである。

基本的に新幹線の最急勾配は15‰とされているからである。しかし、北陸新幹線の軽井沢付近は30‰になっているから無理ではなかったと思う。

ともあれ、当初考えられていた山陽新幹線からの分岐は不可能になってしまった。

注15：‰（パーミル）は千分率のことで、１０００ｍ水平に進んで何ｍ上下するかの勾配の単位のことである。

このため、新大阪駅から湾岸を通りつつ地下に潜り海底トンネルで淡路島に達するか、和歌山からの紀淡海峡（友ケ島水道）に、明石海峡大橋よりも長い、世界一の吊橋による大橋あるいは海底トンネルを造って、阪和ルートで在来線あるいは新幹線を走らせようとしている。

本四備讃線は、昭和36（1961）年に改正鉄道敷設法の予定線別表90の3として編入、39年に鉄道建設公団が引き継ぎ、さらに45年の運輸省・建設省両省による本州四国連絡橋公団の発足によって同公団が引き継いだものである。同年には全国新幹線鉄道整備法[注16]も施行され、本四備讃線の橋梁部は新幹線との併用とすることも決まった。昭和48年には着工手続きをすべて終えたが、オイルショックにより延期され、ようやく53年に着工した。

国鉄は当初、本州―四国間のルートは本四備讃線よりも神戸―鳴門間の淡路ルートを考えて、調査もしていた。結局、児島・坂出ルートが先行着工となったが、これが工事凍結によって延びてしまった。その間の昭和50年には尾道・今治ルートのうちの大三島橋、因島大橋の道路単独橋と、大鳴門橋の道路・鉄道併用橋の着工が決まり、大鳴門橋は51年に着工された。

本四備讃線（児島・坂出ルート）は昭和63年に開通したが、新幹線の併設は、用意はされているものの開業はまったく白紙状態であり、神戸・鳴門ルートのうち大鳴門橋は道路・鉄道併用で昭和60年に完成したが、こちらも道路だけが供用中である。

昭和63年には明石海峡大橋も着工されたが、これは道路単独橋となったので大鳴門橋の鉄道部は無駄になった。このため、鉄道建設公団は四国新幹線の調査線として紀

注16：全国新幹線鉄道整備法にもとづいて昭和46年運輸省告示第17号として「建設を開始すべき新幹線鉄道の路線を定める基本計画」が告示された。このときは東北新幹線、上越新幹線、成田新幹線の3新幹線だけだったが、昭和46年には北海道、北陸、九州の3新幹線、48年には四国新幹線と四国横断新幹線を含む11新幹線が告示されている。ただし、このうち成田新幹線は昭和61年の国鉄改革法によって失効している。

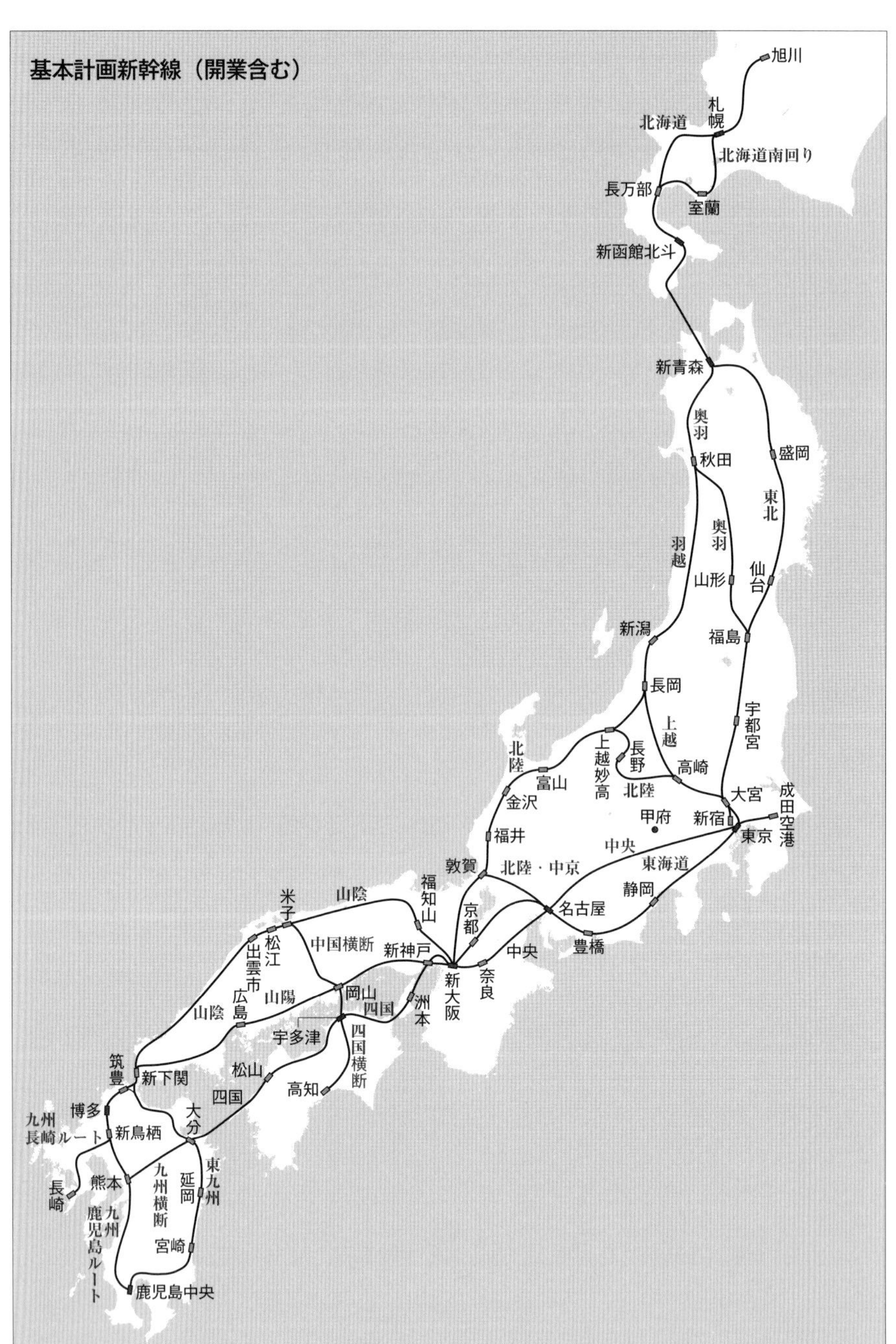
基本計画新幹線（開業含む）
旭川
札幌
北海道
北海道南回り
長万部
室蘭
新函館北斗
新青森
奥羽
秋田
盛岡
東北
奥羽
羽越
山形
仙台
新潟
福島
長岡
上越
宇都宮
北陸
上越妙高
長野
高崎
富山
北陸
大宮
金沢
甲府
新宿
成田空港
福井
東京
中央
敦賀
北陸・中京
東海道
静岡
福知山
米子
山陰
名古屋
京都
豊橋
中国横断
新神戸
中央
松江
出雲市
新大阪
奈良
山陽
岡山
四国
洲本
山陰
広島
宇多津
四国横断
松山
筑豊
新下関
高知
四国
博多
大分
九州長崎ルート
新鳥栖
東九州
熊本
九州横断
延岡
長崎
九州鹿児島ルート
宮崎
鹿児島中央

基本計画新幹線を含む新幹線路線一覧

路線名	区間	キロ程	単独区間キロ程	共用区間	共用区間キロ程	備考
東海道	東京―新大阪	515				開業
山陽	新大阪―博多	554				開業
東北	東京―盛岡	497				開業
上越	大宮―新潟	270				新宿―大宮間未開業
東北	盛岡―新青森	179				開業
北海道	新青森―札幌	360	278	共用区間 起点―終点	82	津軽海峡線と共用 函館北斗―札幌間が建設中
北海道	札幌―旭川	130				基本計画のまま
北陸	高崎―長野	117				開業
北陸	長野―金沢	228				開業
北陸	金沢―敦賀	125				建設中
北陸	敦賀―新大阪	140				未開業
九州	博多―鹿児島中央	252				開業、当初の計画線名は九州新幹線鹿児島ルート
西九州	博多―武雄温泉	78	50	博多―新鳥栖間九州新幹線と共用	28	現行は在来線の博多―鳥栖―武雄温泉間在来線特急をみなし新幹線電車として開業、当初の計画線名は九州新幹線長崎ルート
西九州	武雄温泉―長崎	66				開業
中央	東京―大阪	480				リニア駆動方式、整備新幹線に昇格後、品川―名古屋間建設中
北海道南回り	長万部―札幌	130				室蘭、苫小牧経由、基本計画のまま
羽越	富山―青森	670	500	富山―上越妙高間北陸新幹線および 長岡―新潟間上越新幹線と共用	陸幹 110 上幹 60	陸幹は北陸新幹線、上幹は上越新幹線の略。上幹共用区間には新幹線新潟車両センターの入出庫線を含む
奥羽	福島―秋田	270				基本計画のまま
北陸・中京	敦賀―名古屋	50				岐阜駅経由を前提、基本計画のまま
山陰	大阪―下関	550				鳥取市付近、松江市付近を経由 基本計画のまま
中国横断	岡山―松江	175	150	米子―松江間山陰新幹線と共用	25	基本計画のまま
四国	大阪―大分	480				徳島市付近、高松市付近、松山市付近を経由、基本計画のまま
四国横断	岡山―高知	150				基本計画のまま
東九州	博多―鹿児島	430	390	博多―筑豊付近山陽新幹線と共用	40	大分市付近、宮崎市付近を経由、基本計画のまま
九州横断	大分―熊本	120				基本計画のまま

淡海峡トンネルと明石海峡トンネルを取り上げた。明石海峡トンネルは海底部に破砕帯があり、しかも水深が深く掘削が難しいことで、紀淡海峡トンネルが有力になった。

紀淡海峡を通る方法として海底トンネルにしたのは関西空港の進入路にあたるためだったが、関西空港開港後、進入路は淡路島寄りとなったため、建設費が比較的安い吊橋でもいいということになり、紀淡海峡大橋の建設にとりかかることが話題になっている。

中四横断新幹線のルート

岡山から瀬戸大橋を通る新幹線は、松江—高知間の中四横断新幹線の一環でもある。中四横断新幹線ができた場合の運転系統は、山陽新幹線の新大阪方面から高知あるいは松江への2系統と、松江—高知間の合わせて3系統になる。博多方面と高知あるいは松江との連絡線はほとんど考えられていなかったようである。これも加えると路面電車のダイヤモンドクロスのように、山陽新幹線と中四横断新幹線が十字交差のうえ、松江方面と高知方面から新大阪・博多方面への壮大で複雑な連絡線を造らなければならない。

さらに四国新幹線とは宇多津駅で接続する。岡山方面と松山・高知方面の両方向と、高松方面から松山・高知方面に高速でスルーで行けるには、現瀬戸大橋線が行っているのと同じデルタ線を造らなければならないが、これができれば瀬戸大橋線のデルタ線以上に壮大な迫力ある立体交差設備になるだろう。しかし、建設費も莫大なものになる。道路予算と比べてははるかに小さい鉄道建設予算なので、どだいできない話である。そのためデルタ線の建設についてはまったく触れられていない。

新大阪以西から徳島、高松へは四国新幹線が担うから、遠回りになる瀬戸大橋経由の列車の運転は不要である。姫路や岡山、広島、博多方面と高松に行き来が必要だろうが、宇多津駅で、スイッチバックでいいのではないかということで触れられていないのである。

ともあれ、ルートはまったく公表されていないが、筆者が昭和50年代前半に鉄道建設公団から聞いたところによると、中四横断新幹線は松江から伯備線と並行して南下、高梁（たかはし）あたりから東寄りにルートを変え吉備線の足守付近を通って、山陽新幹線岡山駅の5km博多方の岡山車両基地付近で山陽新幹線と中四横断新幹線とが直交し、中四横断新幹線の松江方、高知方のいずれからも山陽新幹線の岡山方への連絡線ができ、ここから岡山までは複々線とすることが考えられているとのことである。

山陽新幹線新大阪―岡山間は昭和42（1967）年着工、47年に開業した。山陽新幹線の新大阪―岡山間の建設は岡山止まりではなく、同駅西方の車両基地まで建設された。全国新幹線鉄道整備法が施行されたのは昭和45年6月なので、当然、中四横断新幹線のための分岐や交差用の施設はなんら準備されていなかった。

しかし、岡山（車両基地）―博多（車両基地）間の着工は昭和45年2月だった。全国新幹線鉄道整備法の施行は6月だが、基本計画で取り上げる各新幹線が建設できるための設備を先行して用意することになった。

残念ながら中四横断新幹線についてはそのような設備は設置されなかったが、新下関駅では山陰新幹線の分岐のための設備が建設された。また福岡市―大分市付近―宮崎市付近―鹿児島間の東九州新

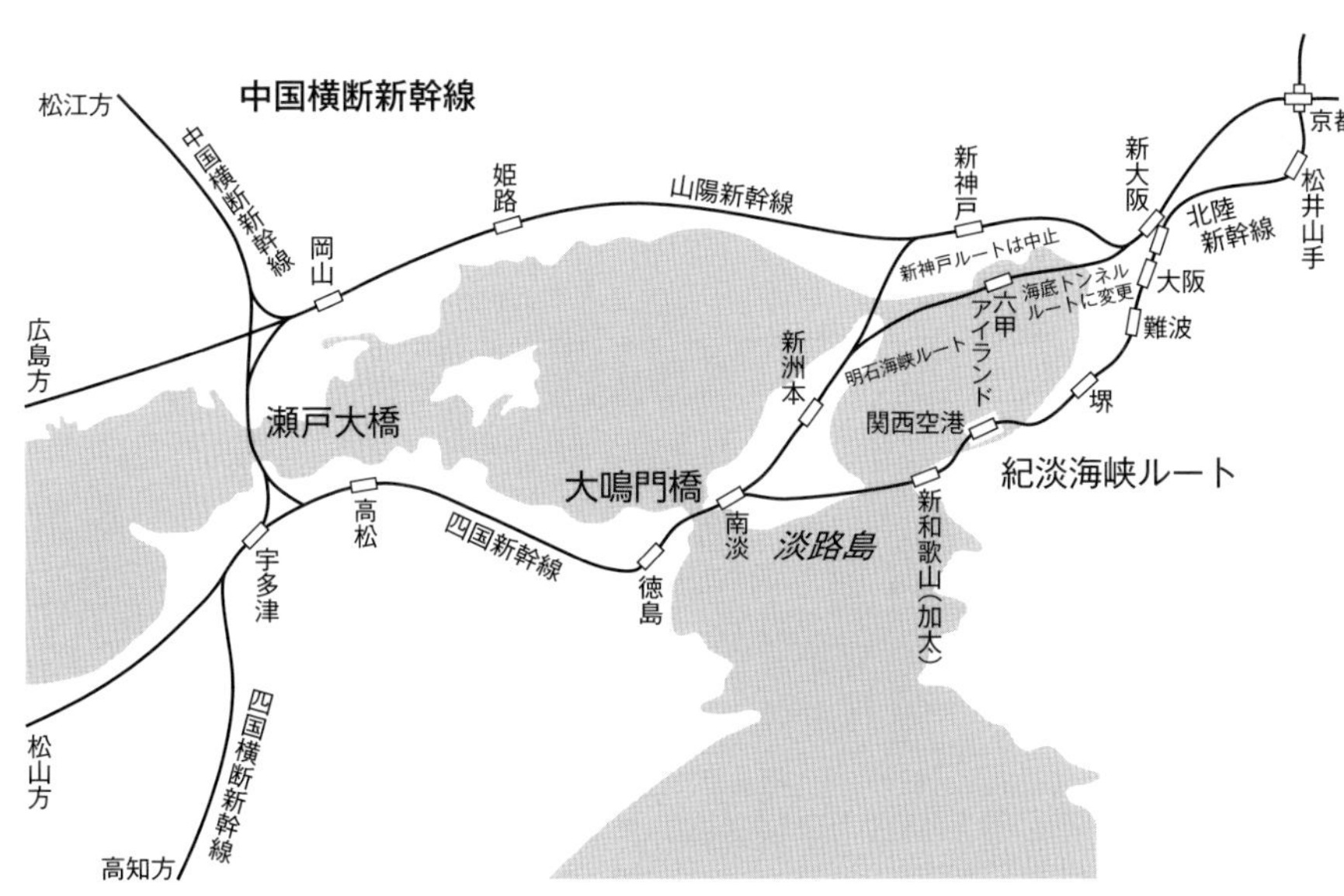

幹線は、博多駅から東京起点1035㎞地点付近まで山陽新幹線と共用し、1030㎞地点（筑豊）付近でデルタ線を建設して博多方と東京方からスルーで行けるようにすることになっている。このため、1030㎞地点付近の馬場山北公園に隣接して馬場山保線管理室（廃止）と筑豊本線交差地点の2か所に、新駅が設置できるように用地が確保されている。この2点間を頂点に新大阪方面と博多方面の両方向と、東九州新幹線とでデルタ線を造るとされている。

山陽新幹線の小倉駅を出ると長さ11・7㎞の北九州トンネルを抜け、次に石坂トンネルを抜ける。その先で北九州都市高速道4号線を香月架道橋で越える。ここに馬場山保線管理室があった。北九州都市高速と交差する手前から新幹線と並行する盛土の緑地帯が広がっている。明らかに中央に通過線、その両側に上下それぞれ2線の停車線がある島式ホーム2面6線の分岐駅ができる広さがある。

さらに筑豊電鉄との交差地点の手前まで、複々線にできる盛土が山陽新幹線の両側に並行している。筑豊電鉄との交差地点あたりは途切れるが、空き地はずっと続き、再び山陽新幹線の両側に盛土が並行する。そして遠賀川を渡ると九州縦貫自動車道が南側で山陽新幹線と並行するようになるが、新幹線との間は空き地になっている。筑豊本線と交差地点の手前くらいからやはり島式ホーム2面6線の広さがある。一部は九州縦貫自動車道の上り直方PAに利用されているが、やはり駅にする用意がしてあるのが明らかにわかる。

複々線の盛土が途切れている両側の少し手前あたりから東九州新幹線が分岐して笹尾川の南側までの間でデルタ線が造られると思われる。これら筑豊本線側の新駅が設置されると、九州縦貫道の上り線の直方パーキングエリアは、新駅へのアプローチ道路としての機能を持たせて新駅の下に移設されることになると思われる。

さらに、新下関駅には山陰新幹線との分岐合流設備が準備されている。こちらは博多方面からスルーで行けるようになっている。新大阪方面からは、山陰新幹線の起点が新大阪駅だから、山陽新幹線回りのアプローチ線は不要である。岡山からは中国横断新幹線で山陰新幹線の米子で接続するから新下関付近でデルタ線を造る必要はないということで準備されていないと思われる。しかし、石原トンネルの新大阪寄りに広い盛土が広がっているので、ここから分岐して山陰新幹線につなぐトンネルで構成されたデルタ線ができるとも考えられる。

新下関駅は島式ホームの下り線側に停車線2線（下1、下2）があるが、上り線もやはり島式ホームにして停車線2線（上1、上2）にできるようにしてある。しかも上2線の路盤は途切れ途切れに完成している。そして新大阪寄りの上り線の外側に引上線があり、石原トンネルの手前まで山陽新幹線と並行して延びている。山陽新幹線は新下関駅から新大阪駅に向かって上り15‰の勾配になる。引上線は勾配がないから山陽新幹線と段差ができる。一方、山陽新幹線の下り線の外側、新大阪寄りも石原トンネルまで用地が確保されている。山陰新幹線は石原トンネル内で山陽新幹線と分かれるように考えられていると推察できる。

新下関駅の保守基地にあったフリーゲージトレインのための軌間変換装置と新幹線電車の留置線は撤去されている。

さて中四横断新幹線は山陽新幹線と直交してから南下、宇野線と並行して茶屋町に至る。本四備讃線の陸上部、すなわち茶屋町―児島間は新幹線と併設できるように配慮した設計にしている。だが、本四備讃線の茶屋町―児島間の最小曲線半径は１０００ｍ、新幹線は２６０㎞運転を考慮して４０００ｍにするので一部は並行しない。茶屋町からはしばらく本四備讃線と並行するが、半径４０００ｍを維持するためにやや離れ、木見あたりで再び並行、児島の西側に新幹線児島駅ができる。

海峡部、つまり瀬戸大橋部分とその手前の鷲羽山（わしゅうざん）トンネルは複々線で造られており、現在は、橋の重量バランスをとるために中央の2線分が本四備讃線に使用されているが、四国横断新幹線ができると本四備讃線が東側2線、新幹線は西側2線使用となる。新幹線は海峡部では１６０㎞運転を予定している。なお、鷲羽山トンネルは下部に本四備讃線用、新幹線用、上部に高速道路の上下線2本の計4本のトンネルが掘られ、〝四ツ目トンネル〟と呼ばれている。

四国に入ると高速道路と分かれて単独の高架橋となる。本四備讃線は坂出方面への通称坂出線と宇多津方面への通称宇多津線に分かれ、南側に坂出―宇多津の予讃線があってデルタ線を形成する。新幹線は本四備讃線の西側のさらに海側を通る予定で、すでにその準備はされており、現在の本四備讃線は橋の中央を走っているが、新幹線開通後は東側に移るので、海峡部を渡り終えると本四備讃線は線路を東側に振っている。また、宇多津駅にも新幹線ホーム用地は確保されている。宇多

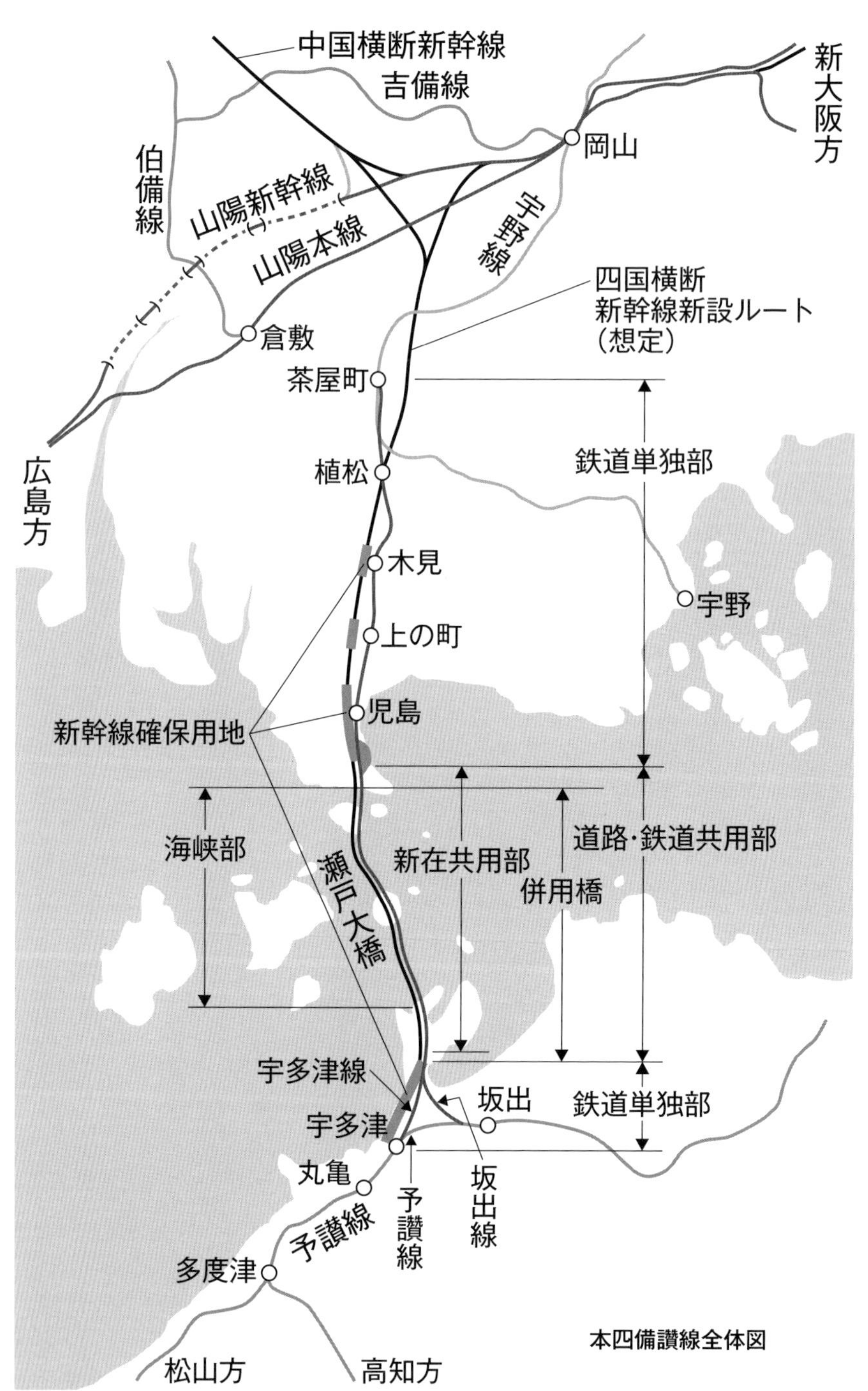
中国横断新幹線
吉備線
新大阪方
岡山
伯備線
山陽新幹線
山陽本線
宇野線
四国横断
新幹線新設ルート
（想定）
倉敷
茶屋町
広島方
鉄道単独部
植松
木見
宇野
上の町
児島
新幹線確保用地
海峡部
新在共用部
道路・鉄道共用部
併用橋
瀬戸大橋
宇多津線
坂出
鉄道単独部
宇多津
丸亀
予讃線
坂出線
予讃線
多度津
松山方
高知方
本四備讃線全体図

津駅は四国新幹線と合流・分岐する駅として考えられているので、東北新幹線の大宮駅と同様に島式ホーム3面6線となる予定だったようでその用地はある。

坂出線と予讃線と合流した高松寄りで瀬戸中央自動車道の下をくぐり抜ける。南側に並行して一般道もくぐっているが、この一般道と予讃線の間に複線分が通り抜けられる空間が開けられている。これが四国新幹線の路盤である。

四国新幹線のルート

四国新幹線は、当初は山陽新幹線新神戸—西明石間の神戸地下鉄総合運動公園駅の北側付近から分岐して、明石海峡大橋で明石海峡を渡る予定だったが、基本計画では単に大阪—徳島—高松—松山—大分間となっている。このため紀淡海峡経由ということが考えられはじめた。

その構想では新大阪—関西空港—和歌山（加太（かだ））間を経由して、紀淡海峡を渡り大鳴門橋に至ることが考えられているが、これは阪和線または南海本線・南海加太線を通るルートであり、新幹線ではなくて在来線を使うほうが簡単であって、暫定整備計画でいうところの「新幹線規格新線」、

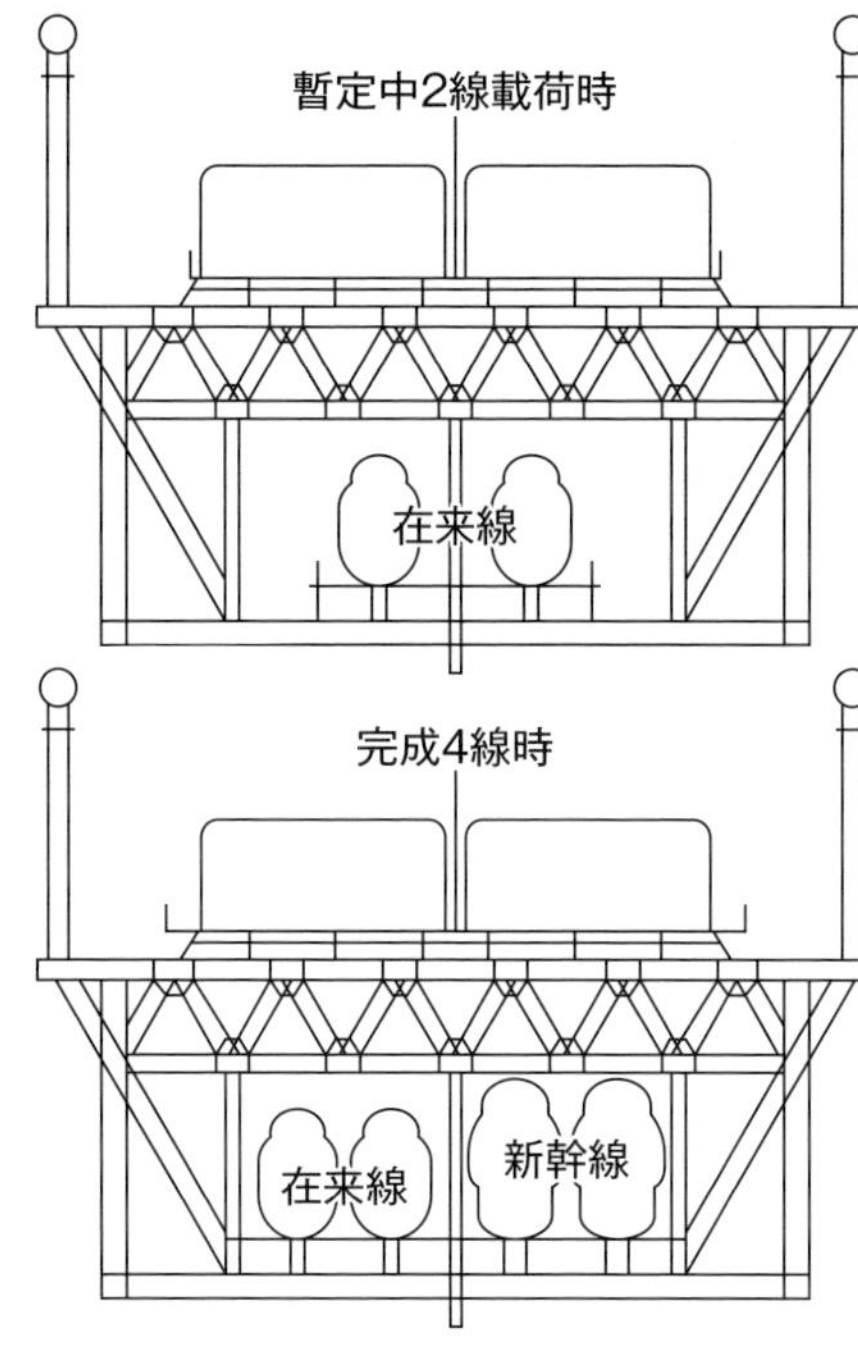

いわゆるスーパー特急走行用の狭軌新幹線でとりあえず造るのがいいと思われる。

また新幹線としては基本計画にはないが、豊橋―伊良湖―鳥羽―和歌山と紀伊半島付け根の地溝帯を通り四国新幹線経由で大分から熊本に至るルートというものも考えられ、東京から名古屋、京都、大阪を通らない第2国土軸を形成しようとする案もある。ただし、東北・北海道新幹線側が第2国土軸であるとし、そちらを「ほくとう国土軸」と呼ぶようになった。このため紀伊半島地溝帯通過ルートは第3軸といわれるようになった。

また、リニア中央新幹線の延長線としても四国新幹線、九州横断新幹線は考えられている。しかし、これも西日本リニアを建設しようとする中国地区各県や兵庫県とぶつかってしまう。また、大鳴門橋は瀬戸大橋と違って鉄道部分は複線分しかない。だから、在来線と新幹線とを走らせる場合は青函トンネルと同じく狭軌・標準軌併用の3線軌として、なんとか併用できるが、リニアとはシステムが違いすぎて、併用はできなくはないが無理がある。

紀淡海峡ルートをつくってすぐに実用性が発揮できるのは、在来線の列車である。

片側だけ四ツ目のトンネル

四国の二つの新幹線を調べるために、電車寝台特急「サンライズ瀬戸」がまだ登場していなかった平成5（1993）年の初冬に、24系25形客車による寝台特急「瀬戸」に乗り、児島駅で下車した。まずは四ツ目トンネルを見るためである。児島駅付近には、北海道や青森県、北陸地区、九州地区に見られたような新幹線誘致の看板はなにもない。新幹線熱がそれほどないものと思われる。

四ツ目トンネルである鷲羽山トンネルまでは遠いので、歩くわけにはいかずタクシーを利用することにした。タクシーに乗れば、新幹線や瀬戸大橋にまつわる話もいろいろ聞けるだろう。

さて、乗ってすぐ運転手に「四ツ目トンネルへ」と頼んだ。これで話が通じるかと心配したが、「ハイ」という返事だった。

四ツ目トンネルは結構有名らしい。

「新幹線の噂はありますか」と聞くと、「瀬戸大橋ができたころは、そんな噂はあったが、今はとんと聞かない」（当然岡山弁だが、表現できないので標準語で書く）と言う。それでも「児島の西側の駅前が広いのは新幹線の駅をつくる予定のためですよ」とのことである。

そうこうしているうちに四ツ目トンネルに到着したが、あまりよく見えない。運転手は「ヘリコプターでないとうまく撮れないでしょう。瀬戸大橋ができたころは新聞社がよくヘリコプターで撮っていた」と言う。

ひとしきり見てから、トンネルの反対側に行ってくれと頼んだが、反対側はないと言う。そんなはずはないから、とにかく行ってくれと頼んで、高速道路の西側の側道を通ってもらう。着くと、高速道路の下が壁になっている部分があった。たぶんここから複々線になっているのだろう。

その先は神道山トンネルでこれは本四備讃線だけしかない。しかし、西側には少し空間があり、ここを新幹線が通る予定だということが理解できる。

ここから児島駅までの道でタクシーも迷ってしまった。こんなところへ行けという人もいないからだろう。

児島駅を出発したブルートレイン「瀬戸」。電車特急「サンライズ瀬戸」登場前は、機関車牽引の25形寝台客車を使用していた

そして児島駅のほうに戻ってもらったが、タクシーの運転手が「左に見えるのが高速道路で、その下に瀬戸大橋線が通っているが、囲いをして見えないですよ」とのこと、その後児島駅を通り越して、岡山寄りから一望できるところに連れていってもらい写真を撮影した。

児島駅から高松行の快速「マリンライナー」の最後部に乗って、ここから瀬戸大橋の複々線部分その他を眺めることにした。何度も乗ったが、しげしげと四ツ目トンネルを眺めたことはない。さらに坂出駅の手前の新幹線分岐部分など注視したこともなかった。はたしてあるのかと思ったが、確かに西側にその分岐部分はあり、在来線は東に線路を振ってから右に振って、上を通っている高速道路から分かれる。新幹線側は先に右に分岐する路盤が用意されている。

これらが使われることになるのはいつのことだろうか。もったいないものである。

高松に到着してから、ふと香川県庁では新幹線をどうとらえているのだろうかと興味がわき、県庁へ行ってみることにした。

県庁の交通政策室を訪ねると、突然の訪問にもかかわらず、どういうわけか室長以下数人が出てきて、「お世話になります」と挨拶された。お世話なんかしてはいないし、まったく有名でもな

児島駅の西側に広がっている四国横断新幹線の駅用地

本四備讃線の本州陸上部と橋梁部の間にある四ツ目トンネル。上部がそれぞれ２車線の瀬戸中央自動車道の二つのトンネル、下部に新幹線と在来線用の二つの鉄道トンネル、計４個のトンネル坑口がある。だが、植林された木々が伸びて鉄道トンネルはよく見えなくなっている

帰りのタクシーから見た神道山と児島の二つの鉄道トンネルの間。その上部は高速道路が通っていて、騒音防止のために鉄道路線は壁で覆われている

神道山トンネル児島寄り坑口。トンネルの手前側はバラスト軌道、トンネル手前から先はスラブ軌道になっている

北側の丘から撮った児島駅。新幹線用地は丘まで続いている。右側の山の上にある観覧車は「鷲羽山ハイランド」

のちに児島駅の南側の丘から撮った児島駅。やはりこちらも新幹線用地は丘まで続いている

下り列車の最後部から見た鷲羽山トンネル。坑口の出口側にあるフードの奥に円形トンネルの出口があるが、右の在来線トンネルと左の新幹線トンネルでは断面の大きさが違うのがわかる

く、本棚に私の本が置いてあるわけでもない。なぜこんなに歓待されるのか不思議である。

それはそれとして、新幹線について話を聞くと、基本計画線程度しかわからないとのことである。「宇多津駅には用地が確保さ

海峡部では中心を挟んで在来線の上下線が設置されている。新幹線が通ることになると東側（写真左）に在来線の複線が敷かれ、西側に新幹線の複線が敷かれて、複々線になる

本四備讃線が四国陸上部に入ると線路は左に寄って、所定どおりに高速道路の下の東側に在来線の複線として通すようになるが、移り始めた個所では上り新幹線路盤を使用している。路盤の左側に在来線線路とつながる路盤が少しだけ造られている

将来複々線になる地点を、上り先頭車から児島寄りを見る。左が予定されている下り新幹線路盤、右には予定されている下り在来線路盤が少しだけ造られている

新幹線路盤は、在来線よりも先に上部を通っている瀬戸中央自動車道から分かれるために、奥の瀬戸中央自動車道の橋脚の間隔をあけるようにしている

れていますね」と言うと、とりあえずの確保でしかないとのことであった。新幹線についてはあまり熱意がないような感じだった。

大鳴門橋の四国側を見る

次は大鳴門橋である。高松から池谷駅まで特急「うずしお」に乗った。結構混雑している。途中志度駅などの短距離利用が多く、なかには高校生もいる。定期券でも乗れる25㎞以下３００円の短距離特急券の設定のたまものだろう。徳島方面への乗車も多い。当時の「うずしお」はキハ１８５系という国鉄時代末期の気動車で、振り子式ではない。通過列車用に一方の線路を直線にした「１線スルー」化している駅もあるとはいえ、それほど高速化しておらず停車駅も多いが、国鉄時代よりも便利になったために、結構利用されているようである。

池谷駅から鳴門線に乗り継いだが、これがワンマンカーで最高速度は50㎞も出さない。軌道は荒れ、当然単線である。紀淡海峡からとりあえず在来線列車が走ることになろうが、鳴門線を流用するにはかなりの改良が必要である。

鳴門線（右）は池谷駅で土讃線（左）と分かれる

しかし、青函間の海峡線を挟んだ江差線や津軽線と違って、距離が短いのは幸いである。江差線や津軽線は電化以外はほとんど改良していない。距離が長いからである。鳴門線は短いから改良しやすいし、しないとしてもそれほどスピードのネックにならない。

鳴門駅に着いて、鳴門公園までのバスの時刻表を見ると20分ほど余裕がある。そこで、携帯電話が普及されていない時代なので、公衆電話から自宅に連絡を入れた。すると、岡山県の交通政策室から講演の依頼がきているとのこと。近いからさっそく岡山県庁に電話すると、講演内容はなんと「中四横断新幹線について」である。

そしてその場所は香川県で開催するということであり、中四国横断新幹線期成同盟会の主催とのことであった。つまり、香川県の交通政策室も、関係しているどころかその中心だったのである。なるほど、だから香川県庁であんなに丁重な挨拶をされたのである。

しかし、中四国横断新幹線期成同盟会というのもあったということは、やはりこのあたりでも新幹線について熱意を持っているのである。看板の類がないのは、基本計画新幹線にはなっていても、整備計画新幹線でないからだろう。

鳴門線の終点鳴門駅

今後、どう展開していくか見ものだが、なにがなんでもフル規格新幹線に固執するようなものでないように祈りたいものである。

本書の姉妹編の「東日本編」でも述べたように、フル規格新幹線に固執するとなかなか前に進まない。基本計画が昭和47年に決定した北海道新幹線はまだ札幌まで開通していない。東京―札幌間とくらべると東京―四国間はそれほど長くないし、大阪からだと狭軌新幹線でも充分である。なお、中四国横断新幹線期成同盟会には、通過しない広島県や山口県もなぜか参加しているが、愛媛県は入っていない。愛媛県の姿勢に興味がわくが、その理由はわからない。

そう思っているとき、バスが発車する音が聞こえたので振り向くと、鳴門公園行のバスが出て行くではないか。改めてバスの発車時刻を見ると、鳴門線列車到着の5分後の発車だった。見間違えたのである。次は1時間後である。

大鳴門橋もタクシー利用となってしまった。タクシーの運転手に「大鳴門橋の下部にある新幹線路盤部分が見えるところへ」と頼むと、「鳴門側では新幹線部分が見えるところには行けないが、淡路側なら新幹線部分まで行ける」と言う。それでも一応行ってもらうように頼み、ここから

中四国横断新幹線建設促進協議会で講演中の筆者

淡路側に行くにはどうすればよいかと尋ねると、「鳴門北インター手前にバス停がある」とのこと。鳴門公園から歩けるかと聞いたら、「とんでもない」とのことだった。結局、タクシー利用が正解で、鳴門公園を経て高速バスの停留所まで利用することにした。

鳴門公園に着く手前で本四連絡道（現神戸淡路鳴門自動車道。略して神淡鳴道（しんたんめい））の下に、ぽっかりとトンネルがあるのを認めた。新幹線用のトンネルである。さらに鳴門公園のすぐ近くの大橋のたもと付近に脇から新幹線路盤が見えそうなところがあり、タクシーを降りて見に行く。そこから先ほどのトンネルまで、路盤そのものはないが、新幹線が通る準備はなされているのがわかった。

これで鳴門公園に行く必要はなくなったので、そのままバス停へ向かうように頼んだ。車内で、新幹線は結局、紀淡海峡ルートとなり、それも橋が有力という話を聞いた。この時点ではトンネルか橋かで揉めているのはわかっていたが、運転手によると「橋だと高速道路もできるから便利だ」ということだった。

本四連絡道の下にぽっかり開いている四国新幹線のトンネル坑口

近くで見た四国新幹線のトンネル坑口

大鳴門橋の鳴門側橋脚。本四連絡道の下を四国新幹線が通れるようにしているのがわかる

四国新幹線用空間のアップ

大鳴門橋下部に用意されている四国新幹線用空間。なぜか付け根あたりには路盤が設置されていない。大鳴門橋は予算削減で新幹線電車8両編成1編成が通行できる強度しか持っていないために、現状では四国新幹線として機能できない。16両編成を上下2編成ぶん、合わせて4編成計64両が走行できるようにするには桁や橋脚をかなり強化しなくてはならない

反対側の陸上部には四国新幹線用のトンネルが完成している

四国新幹線用のトンネルの手前にある２本の橋脚も空間があけられている

橋の新幹線部まで行ける淡路側

バス停で降ろしてもらって、海岸から大鳴門橋を眺め、ほどなく高速バスがやってきた。タクシーの運転手によると次の淡路島南インター停留所で降りれば、歩いて30分ほどで門崎（とざき）にある新幹線部のところへ行けるということだった。淡路島南インターに到着すると結構、降車客がいた。どうするのかと思うと、インターにある無料駐車場からマイカーで自宅へ帰る様子である。鉄道がなくなった淡路島では「パーク・アンド・バスライド」が実践されているのである。

さて歩こうと思ったが、バス停の反対側に高速バス客目当てのタクシーが停まっていたので、ここでもタクシーを利用することにした。時間的な問題もあったし、いい話が聞けるかもしれない。

新幹線の部分に連れて行ってくれと頼み、新幹線はどうなるかと聞くと「紀淡海峡を橋で渡ることが決定した」との答えである。そんな話は聞いていないが、鳴門でもそういうことだったたし、新聞などで橋にほぼ決まった、とかいう報道があったのだろう。そして、高速道路は阪和道につ

浜から見た大鳴門橋

などだけでなく、紀ノ川に沿って東進して京奈和自動車道、そして名阪道路につながり東京方面へも行けるようにする、新幹線は関西空港を経由して新大阪へと伊良湖岬を通るルート、そして反対側は愛媛県から豊後水道を通って大分に行くのが決まっている、ということであった。

さらに、明石海峡大橋が開通したのち、今から4、5年後に紀淡海峡大橋を着工して10年後くらいに開通させるという、もう決定したかのようなことを言うのである。そんなことはまだまだ決まっていないが、当然そうなるという雰囲気である。北海道新幹線などは悲願の新幹線ということで、なにがなんでも造るという熱気があったが、ここではまったく違う。四国へ向けてこんなにたくさんの橋を造るのを当然視している雰囲気はなんなのか、「?」がついてしまう。

ともあれ門崎に到着したが、例の新幹線部は大鳴門橋の見学ルートになっていて、自由に入れる。ひとしきり見たが、大鳴門橋が一望できる展望台には行かなかった。新幹線部への取り付け道から充分見えたからである。それにタクシーを待たせているうえ、淡路島南インターからのバスの時間からしても行かれなかったのである。

淡路島側から見た大鳴門橋

淡路島側では新幹線路盤まで歩いて行くことができる

すでに新幹線路盤が設置されている

中央部付近には路盤がない

淡路島南インターでは、次の高速バスが来る前に、門崎経由福良行バスがやってきた。バスは淡路交通がほとんどを運行している。高速バスに接続し、乗り換えに便宜を図っているのである。しかし、鳴門から乗ってきた1本前は接続していなかったから、すべてではないのは惜しいところである。

そのあと高速バスで津名フェリーセンターに向かった。当初は神戸への高速船にしようと思ったが、紀淡海峡や関西空港が見える大阪港行に変更した。高速船のために船窓はしぶきがかかり紀淡海峡はあまりよく見えなかったが、さすがに高速船だからあっという間に大阪港へ着いた。大阪湾も狭くなったものだが、津名港からはこの高速船だけでなく甲子園フェリーなどたくさんの船便が神戸、西宮、大阪、関西空港、和歌山（深日）へ運航されている。それだけ需要があるから、紀淡海峡にも橋を架けるのは当然だとしているのだろう。

高速船からは360度すべて陸地が見える。工事中の明石海峡大橋も関西空港付近から見えるのである。それだけ近いのである。津軽海峡でも対岸は遠くに見えるが、船の往来も少ないし、陸地の建物もそう多くはない。このあたりが違うのだろう。逆にいえば津軽海峡圏はまだ開発の余地があるといえよう。ただし環境保護派から言わせると、大阪湾のようになるのは許せないということになろう。

1995年当時の私見　フル＋ミニ＋狭軌でまず直通ルートを

中四横断新幹線は基本計画新幹線である。平成7年当時において、整備5新幹線がすべて着工されていない状況では、これを着工するとなると、整備5線未着工区間から大いにブーイングが起ころう。とはいえ、岡山―宇多津間の建設はそれほど費用はかからない。

山陽新幹線と中四横断新幹線との分岐点に、高崎駅での上越新幹線と北陸新幹線との分岐部と同じ高速分岐ポイントを設置、160㎞での分岐を行えば、岡山駅から分岐部までの山陽新幹線の複々線化は不要である。分岐部から鷲羽山トンネルまで新幹線を造ることも容易である。

問題は四国に入ってからだが、宇多津駅から高松駅まで予讃線に標準軌を併設すれば高松駅まで直通できる。トンネルはないから、現行「のぞみ」などのフル規格新幹線電車でも標準軌併用の3線軌で軌道中心間隔を広げれば走ることはできる。東京―高松間は、350㎞運転用新幹線電車を使用すると3時間45分程度で走らせることは可能だろう。ただし東京―新大阪間も350㎞運転によって2時間15分とした場合である。現在（2023年）の最速「のぞみ」は半径3500m以上で時速285㎞運転をして2時間22分が最短所要時間である。

カーブが多い東海道新幹線では、350㎞を出す区間はほとんどない。米原―京都間でわずかに出せる程度である。その他の区間では300㎞くらいしか出せない。それでも7分短縮して2時間15分の所要時間はできよう。ただし、リニア中央新幹線の開業で東海道新幹線の過密運転が緩和されていないとできない。

宇多津駅から伊予小松駅までもフル規格新幹線電車が走れるように改良し、伊予小松駅からは一直線で松山まで結ぶフル規格新幹線を造れば、東京―松山間は4時間50分程度となる。

「はじめに」で述べた「3時間説」のグラフ（3ページ参照）では鉄道のシェアは、東京―高松間の3時間40分では55％、東京―松山間は10％以下になる。東京―松山間は占有率が低いが、大阪―松山間では2時間30分となり、シェアは90％となる。こうなると東京―仙台間の例のように空路は撤退することになる。これは大阪―高松間でも言えることである。

とりあえずこういった細切れで新幹線を整備すればいい。宇多津―高知間も同様である。そして予算の許す限り部分的にフル規格新幹線を造っていき、最終的には全線フル規格にすればいい。東京からかなり遠い札幌に向かう北海道新幹線と異なって、比較的距離が短い東京―四国各都市間で細切れで高速化を図っても、それなりに利用されていくから、フル規格新幹線を一度に完成させなくてもいいのである。

大鳴門橋側では紀淡海峡大橋を造り、とりあえず大阪側は南海本線が多奈川線経由で、阪和線については紀伊中ノ島駅から和歌山市駅を経由して南海加太線の東松江駅まで新線を造り（これは当初の加太線の和歌山市―東松江間のルートでもある）、紀淡海峡大橋を渡る。

紀淡海峡大橋からは一直線で大鳴門橋に達し、鳴門線に乗り入れる。鳴門線と高徳線全線を電化、徳島まで直通する。さらに池谷駅の手前から高松方面への短絡線を造り、高松駅までの直通列車を走らせる。

ＪＲ四国の８０００系振り子電車よりも高性能な振り子電車を走らせれば、難波―徳島間は南海電鉄経由で1時間40分程度、新大阪―徳島間は阪和線経由で2時間程度である。阪和線経由は距離が長いから時間がかかるが、阪和線経由だと関空特急「はるか」と同様に京都駅を始発駅にできる。難波―高松間は2時間10分、新大阪―高松間は2時間30分程度となる。狭軌線で建設しても充分である。

しかし、東京からの直通はできないし、阪和線も南海本線もダイヤは一杯で、高速電車を頻繁には走らせにくい。なにわ筋線ができてもこれは変わらない。新大阪駅から外環状線（現おおさか東線）を使い、加美駅から泉北高速鉄道の泉ケ丘駅までは新線、ここから泉北高速線に乗り入れて和泉中央駅に至り、さらに阪和線日根野駅までのバイパス新線を造る。そこに四国への直通電車を走らせるのもよい。このルートは、関西空港アクセス線計画時に候補として上がったものである。

このバイパス線を狭軌で建設するのが最も簡単だが、東海道新幹線鳥飼車両基地の南側で新幹線からの分岐線、あるいは、別項で述べた片町線の新大阪へのルートがフル規格新幹線併用となれば、山科付近の東海道新幹線からの分岐線を造り、バイパス線と高松、徳島までを標準軌・狭軌併用として、東京―高松・徳島間に新幹線電車を走らせることができる。バイパス線や紀淡海峡大橋での350㎞運転が実現すれば東京―徳島間は3時間30分、東京―高松間は4時間10分程度となる。空路と充分太刀打ちできるのである。

さらに新大阪―紀淡海峡大橋―鳴門―高松―岡山―新大阪と、環状運転も可能である。これがどの程度意味があるかは疑問だが、環瀬戸内海経済圏なるものが一つの輪（西側は別として）で結ばれることになる。

中四横断新幹線、四国新幹線は、フル規格新幹線を最終目標とするとしても、中間段階ではフル規格新幹線電車の在来線乗り入れ、狭軌新幹線（新幹線規格新線）方式、ミニ新幹線（新幹線直通線）方式などを取り入れて、まずは直通ルートを造ればいい。

神道山、鷲羽山トンネルとの間の構造が判明

橋梁部側から瀬戸大橋線の陸上部にある鷲羽山トンネルの坑口を見ると、西側が新幹線用の複線、東側が在来線のトンネルになっているのがわかる。一方、その反対側の岡山寄りから橋梁部へのトンネルは複線の神道山トンネルになっている。これがどうなっているのか不思議でならなかった。

後日、レンタカーを借りて再調査した。まず神道山トンネルをじっくり見ると、トンネル断面が広い新幹線用だと確認できた。ならば在来線用トンネルはどうなっているのかが、わからなかった。

瀬戸大橋線を通るたびに神道山トンネルと鷲羽山トンネルの内部を目を凝らして見てみたが、快速「マリンライナー」や特急「南風」の運転席後部の助士席側から見ても、正面ガラスが反射してよくわからない。

あるとき宇多津駅から岡山行の特急「しおかぜ」に乗った。瀬戸大橋を渡り終える寸前に先頭車運転席後部のデッキに立ち、助士席側から児島トンネル内の写真を撮影した。

現上り線を走る8000系電車の運転室後部から鷲羽山トンネル坑口を見る。左の本坑口は新幹線用トンネルになっているのがわかる

跨線歩道橋から見た神道山トンネル坑口。新幹線用のトンネルになっている。右に瀬戸中央自動車道の橋脚が見え、左側に在来線トンネルが掘削される

同・跨線歩道橋から児島方を見る。右側にある変電所と線路の間に在来線用複線用地が確保されている。児島寄りはバラスト軌道になっていて、線路を簡易に移設できるようにしている

同・跨線歩道橋の児島方を下り電車の最後部から見る。奥の防音壁付近はスラブ軌道になっている。その左側に新幹線線路が敷設されて今の在来線路盤に移り、在来線線路は奥で大きく曲がって右側の変電所の間に移ることになる

８０００系の正面は流線形になっていて内部の照明を反射しない。さらに運転席後部はデッキなので照明が暗い。このためトンネル内の様子がはっきりわかる。快速「マリンライナー」や貫通式特急の先頭車の正面ガラスは垂直に立っていて客室から先頭を見ても反射してよく見えないが、８０００系はそうではなかった。

岡山行は鷲羽山トンネルの新幹線側を通る。坑口では右側に線路があるが、トンネルに入ると徐々に左側に寄っていき、鷲羽山トンネルの坑口では完全に左側に寄る。出た先は高速道路が上部にあって、地下線のようになっている。その部分で右側から下り線が寄ってきて複線になる。その先に神道山トンネルの坑口が見えるが、乗っている上り線とその隣の下り線は新幹線トンネルに入っていく。その右側に、コンクリートで蓋をした在来線トンネルの坑口があるのが見えた。

これで、両トンネルがどうなっているのかわかった。その後、下りの８０００系にも乗って岡山側からの両トンネルの構造を眺めて、反対側から見た線路の様子もわかった。

ただ不思議なのは、将来の配線変更があるときは線路の付け替えがしやすいバラスト軌道を採用するのがセオリーなのに、トンネル内では狭軌用のスラブ軌道になっていることである。神道山トンネルの岡山寄り坑口手前はバラスト軌道になっている。ポイントがないから将来新幹線の建設をする場合でもスラブ軌道でも取り替えるだけでいいからなのだろうか、それともトンネル内ではバラスト軌道での線路の付け替えはやりづらいためなのか、あるいは橋梁部の付け根と隣接しているためめに、バラスト軌道ではバラストが付け根の緩衝装置に入ると大変だからか、よくわからない。これについては不明である。

瀬戸大橋線の陸上部を再度チェック

平成24年の秋に、講談社から刊行していた『日本の鉄道・全線・全駅・全配線』シリーズの四国編第1巻『四国東部エリア』の取材で、本四備讃線の本州側と四国側の陸上部、それに大鳴門橋などをくまなくチェックした。

木見、上の町両駅の西側に瀬戸大橋線に沿って、柵に囲まれた空き地が南北に延びていた。柵に掲げられている看板を見

鷲羽山トンネル内で線路は左に寄っていく

鷲羽山トンネル児島寄り坑口

鷲羽山トンネルの坑口の先で、右側から下り線線路が近寄ってくる

鷲羽山トンネルを出ると、右側から下り線の線路が並んでくる

右に神道山トンネルの在来線トンネルの坑口がコンクリートで蓋をされているのが見える

複線になって新幹線用神道山トンネルに入る

下り線を走る8000系電車の運転室後ろから、複線になっている神道山トンネルを見る

神道山トンネルを出るところから鷲羽山トンネルを見る。下り線は左に寄って在来線トンネルに入り、上り線は新幹線トンネルに入る

神道山トンネルの新幹線側で上り線は右から左に寄っていく。下り線は在来線側の将来的には上り線になる位置に入る

上り線は直線で進んで坑口に向かう

坑口を出ると下津井瀬戸大橋に入る

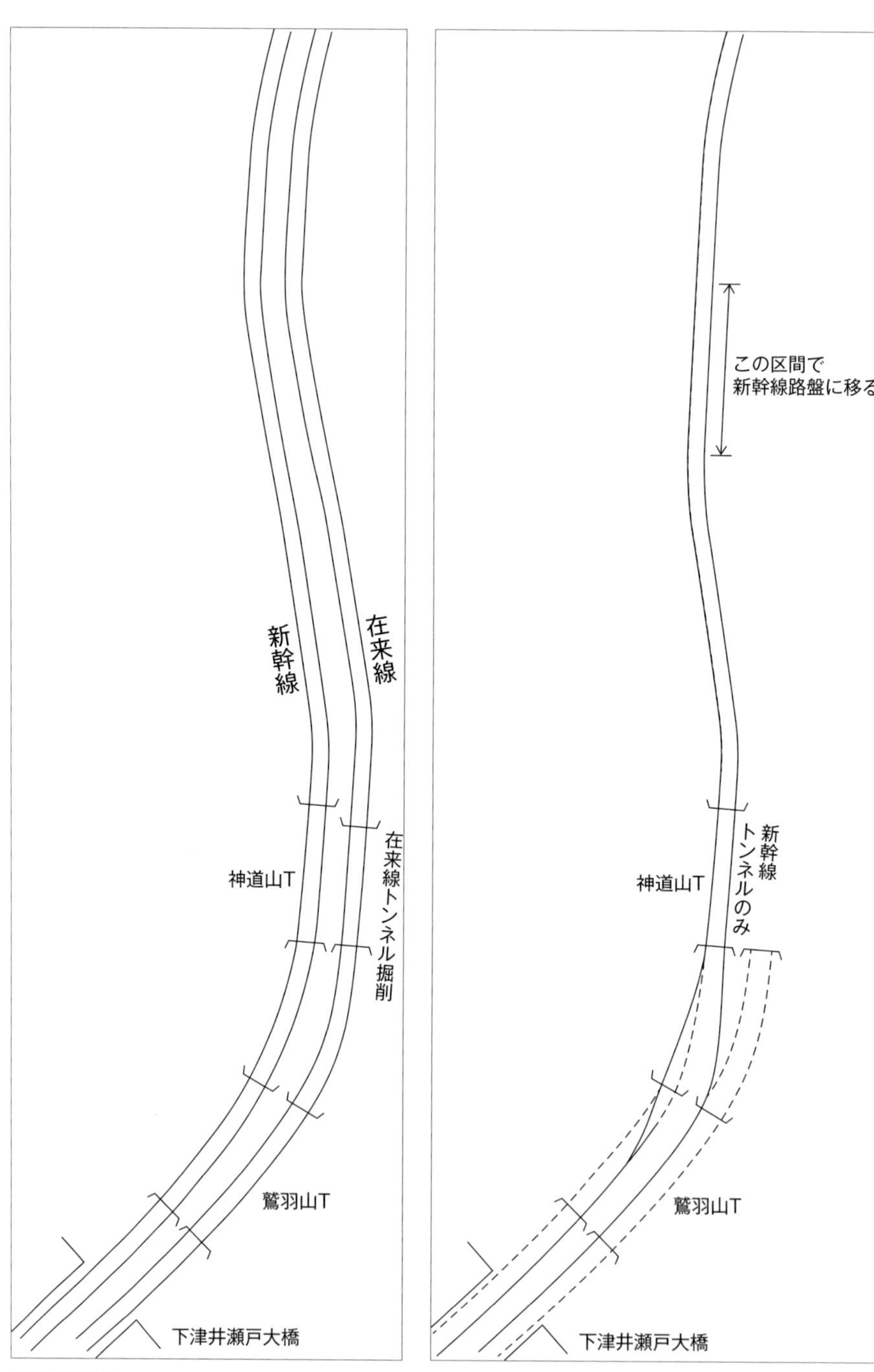

新幹線開業後

現在の本四備讃線　陸上部と海峡部の関係

ると所有者「本州四国連絡橋公団」、管理者「西日本旅客鉄道ＫＫ・岡山支社・岡山保線区長」とある。境界標柱には「本四公団」と刻まれている。

四国陸上部では宇多津線に並行して新幹線用地が延び、宇多津駅に沿って新幹線の駅用地が広がっている。これは、その前からわかっていて、浜寄りに建っている「ゴールドタワー」からよく見えたので、再確認するだけだったが、もう二つの長辺を眺められるところに行くことにした。

坂出線といわれている瀬戸大橋—坂出間は聖通寺山から見ることができるので、この山を登った。頂きは常盤公園になっている。公園からは坂出線のほかに本四備讃線の橋梁部やもう一つの長辺の予讃線も見渡せる。本四備讃線と分かれた瀬戸中央自動車道に側道が沿っている。時速１６０㎞走行をする新幹線のデルタ線だから、本四備讃線よりも大きなデルタ線にすることになるから、瀬戸中央自動車道に沿って聖通寺山を貫通するトンネルによるデルタ線を造るのかなと思ったりした。しかし、そうするには在来線と立体交差が必要で、そのような準備設備は見当たらないから違うだろうとも思った。

もう一つの長辺の予讃線もよく見えたが、予讃線に沿っ

木見駅の西側に広がる新幹線用地

木見駅直下の新幹線用地（右）

柵に掲げられている所有者と管理者の看板

通常、JRをはじめとする旧国鉄関係の用地の境界柱には「エ」マーク（明治期にあった工部省の頭漢字）が描かれているが、木見駅などでは「本四」となっている。上部の矢印の先が境界

上の町駅の西側にも新幹線用地がある

て新幹線のデルタ線の用地は全くないのを認めた。ゴールドタワーから坂出方向を望むと、瀬戸中央自動車道の下をくぐる予讃線の横にももう複線分の立体交差のための空間があるのがわかる。予讃線からもそれが視認できる。

デルタ区間の予讃線は青ノ山展望台から見ることができる。ここから眺めても新幹線のデルタ線の用地は確認できなかった。とはいえ、少なくとも宇多津—坂出間は四国新幹線が通るはずで、実際に計画が進行するときには用地取得の作業が始まると思われる。しかし、坂出線に沿って新幹線を設置する予定はなかったと思われる。つまり高松・坂出から岡山への列車は宇多津駅でスイッチバックすればいいと考えられていたように思われる。

あるいは、やはり聖通寺山や青ノ山を貫通する二つのトンネルによるもっと大きなデルタ線が考えられていて、宇多津

ゴールドタワーから見たデルタ線。手前が宇多津線。奥が坂出線、向こうの山は聖通寺山、右のカーブした線路は予讃線

瀬戸中央自動車道と分かれて坂出線に向かう快速「マリンライナー」。その手前に新幹線用地が並行している

坂出線と宇多津線の分岐部。手前に新幹線用地が続く

宇多津線を走る特急「しおかぜ」8000系電車。やはり新幹線用地が並行している

宇多津駅の西側を走る「南風」、手前の用地は広くなっていて、新幹線駅の用地を確保している

宇多津駅の新幹線用地

長さ400mの16両編成が停まれるように新幹線用地は宇多津駅の岡山寄りまで長く確保されている。在来線で一番長い列車はブルートレインの「瀬戸」で、13両編成で長さは260mだったから140mぶん短いホームになっている

宇多津駅の北口広場は広い。坂出線に並行して新幹線用地がないようなので、四国新幹線のほうのホームは北口に設置されて、宇多津駅を出てから四国横断新幹線と合流することを考えていた可能性がある

宇多津駅の坂出寄りの予讃線の北側には、複線高架を設置できる用地が、あるといえばある

坂出線と予讃線が合流した坂出寄りで瀬戸中央自動車道と交差するが、その地点には在来線の乗越橋のほかに四国新幹線の乗越橋も用意されている。その手前には旧讃岐鉄道の岩屋架道橋跡や、デルタ線ができる前の予讃線の用地が残っていて、新幹線用地として利用できる

瀬戸中央自動車道の予讃線乗越橋の隣に用意されている四国新幹線乗越橋

聖通寺山から見た予讃線。走っているのはフリーゲージトレイン第２次試作車。予讃線の両側に新幹線用地のスペースは確保されていない。奥は宇多津線、手前に少し見える高架線は坂出線

聖通寺側から本四備讃線と瀬戸中央自動車道を見る。本四備讃線の東側には鉄道用地がないが、分かれた瀬戸自動車道の西側には側道越しに複線用地らしきものがある

青ノ山から見たデルタ線。手前が予讃線、その向こうに宇多津線、右側に坂出線がある。宇多津線の海側には新幹線用地があるが、予讃線と坂出線に並行しての新幹線用地はない

駅が新幹線の三角形の西側頂点ではなく、多度津駅もしくはもっと南側の善通寺駅あたりに新幹線の頂点駅を設置する予定にしているのかもしれないし、それとも新幹線のデルタ線等は、先の話なので何も考えていなかったのかもしれない。

言えることは、茶屋町―宇多津間の新幹線用地は確保され、瀬戸中央自動車道と予讃線との交点に新幹線用の空間がすでにあるということである。

大鳴門橋については新幹線路盤に行けるように遊歩道が設置され、「渦の道」として有料開放された。「渦の道」はちょうど海峡で発生する渦潮の真上の展望室まで行けるようにしており、展望室の床の一部はガラス張りになって海面を見下ろすことができる。淡路側はほとんど変わっていないが、大鳴門橋に合流する本州側に、新幹線の橋脚が設置できる土台が用意されていることを発見した。

四国への新幹線は瀬戸大橋線経由で建設がほぼ決定

令和5年になって、四国4県が合同で新幹線整備案を公表した。四国への新幹線建設は費用がかかる大鳴門橋経由は保留され、まずは瀬戸大橋経由で、高松、松山、高知へのフル規格（標準軌新線）での建設を優先するとした。また高松―徳島間も、早期に標準軌新線を建設することも盛り込まれた。

とはいえ、いまだに整備新幹線に昇格はしていない。整備5新幹線のうち、北海道新幹線の新函館北斗―札幌間、北陸新幹線の敦賀―新大阪間が未開業なので、まずはこれらの建設を優先するというのが国の方針である。

ただし中央新幹線は整備新幹線に昇格した。他の整備新幹線の建設スキームでは建設費のうち、国が3分の2、関連する沿線自治体が3分の1を負担することになっているが、中央新幹線についてはＪＲ東海が全額を負担し、中央本線は中央新幹線とほとんど並行しないので並行在来線扱いとしてＪＲから切り離すことも行わない。国の負担がないことから整備新幹線に昇格させた。

鳴門側の大鳴門橋の下部の新幹線空間は相変わらず開けているが、その両側にある点検用の歩道は渦潮発生地点まで「渦の道」として一般開放されるようになった

「渦の道」の渦潮発生地点はガラス張りになっている

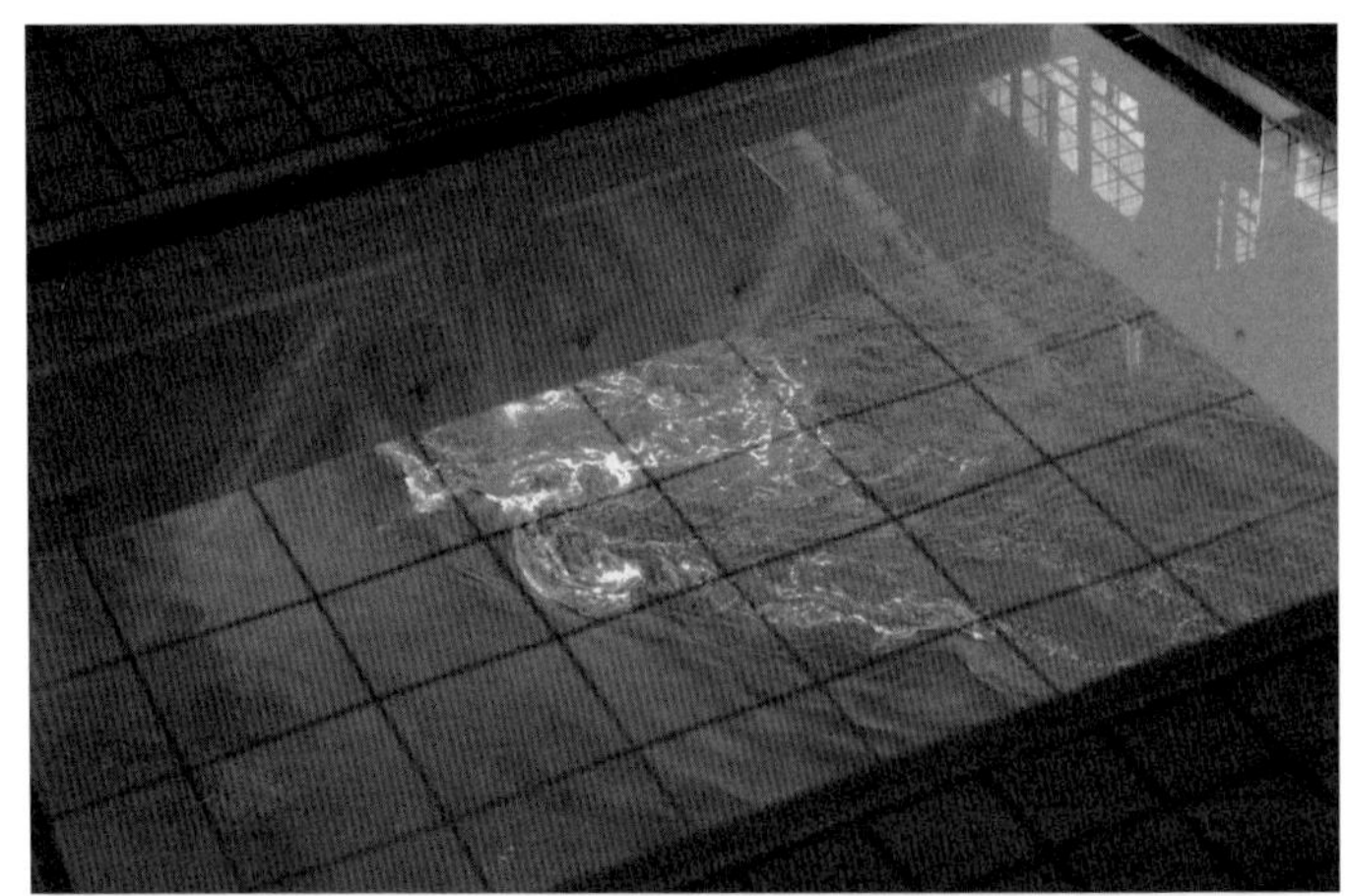

ガラス越しに見た渦潮

南淡側の大鳴門橋の下部は、リニューアルした「うずしおレストラン」から簡単に行けるように整備された

新幹線橋台と併用している神淡鳴道の橋脚は耐震強化工事が行われていた

また、九州新幹線西九州ルートについては新鳥栖―武雄温泉間が未開通のまま着工していない。新幹線建設費のうち3分の1を出す佐賀県としては、同区間が開業してもほとんどメリットがないから現状のままでいいと出費に反対している。同区間にある長崎本線を狭軌・標準軌併用の3線軌化してミニ新幹線を走らせることも、ＪＲ九州としてはフル規格のＮ７００Ｓ系を西九州新幹線の既開業区間に投入しているし、博多―新鳥栖間の各駅のホームドアもＮ７００系や８００系に対応していることから、ミニ新幹線電車を既存の新幹線に走らせることに対して及び腰である。

ならば新鳥栖―武雄温泉間は3線軌にするとしても、Ｎ７００Ｓ系などのフル規格新幹線電車が走れるようにすればいい。同区間にはトンネルがない。長い橋梁はバルーンさが臨時駅の長崎寄りに延長２４９ｍの嘉瀬川橋梁があるだけである。また、他の橋梁も長崎本線の複線化のとき既存の単線橋梁との間隔を広げて線増用の単線橋梁を設置している。広幅のフル規格新幹線電車を走らせるためには軌道中心間隔を広げなければならないが、橋梁部に関しては軌道の移設が不要な個所が多い。嘉瀬川橋梁については上下線間隔が大きく広がっているので、フル規格の標準軌複線橋梁を既存の上下線間に設置すればいいだろう。

線形改良がなされているので、車体が長いフル規格の車両でも時速１６０㎞運転は可能だろう。現在、新鳥栖―武雄温泉間は１３０㎞運転で42分かかっている。軌間変換電車が実用化されたときには、九州新幹線新鳥栖駅からは急カーブで長崎本線の肥前麓駅の先に取り付いて軌間を変換する予定だった。だから在来線新鳥栖からの所要時間よりも1分程度は余計にかかる。それでも他の区間で１６０㎞運転をすれば5分程度は短縮する。

博多―長崎間は武雄温泉乗り換えで最速1時間26分かかっているが、肥前麓―武雄温泉間を3線軌化して、新鳥栖、武雄温泉を通過する最速列車は1時間0分台で結ばれることになろう。

同様に、岡山―茶屋町間を全区間高架複線化のうえ3線軌にすればいい。山陽新幹線との取付線は岡山機関区の上を通すことにすれば用地買収費を抑えることができる。大元駅以南は連続立体交差事業で高架化を同時施工すればいい。

茶屋町以南は四国新幹線用地が一部確保されており、トンネルも多いことから、在来線を3線軌化するのではなく、標準軌新線とする。四国に達すると、本来の計画では、在来線と同様にデルタ線を設置することになっている可能性が高いが、その用地は確保されていない。しかし、宇多津線の北側（海側）に沿って宇多津駅までの新幹線用地は確保されている。

まずは宇多津駅まで標準軌新線を建設する。宇多津駅では新幹線電車専用のホームを別に設置するのではなく、在来線を両外側に配置して、そこに新幹線1線を挟んだ島式ホーム2面3線の配線を2組並べる。そのうち1組は新幹線から在来線への乗り換え用にして、中央の新幹線線路は到着用にする。もう一組は在来線から新幹線への乗り換え用にして、中央の新幹線線路は新幹線出発用にする。こうすれば松山・高知方面と高松方面の電車と同じホームで乗り換えができるようになる。宇多津駅までは東京発の16両編成の「のぞみ」も乗り入れれば非常に便利である。建設費はさほどかからないし、建設期間も短い。

第2段階で、予讃線に並行して高松駅まで向かう。坂出駅の手前の廃止された讃岐鉄道と予讃線の架道橋付近は北側に高架化で線路移設されたために用地があるし、瀬戸中央自動車道との交点に新幹線用の空間が開けられている。瀬戸中央自動車道の交点から坂出駅までの北側には八幡通りが並行している。坂出の市街地に入ると予讃線は高架になるが、北側の片側2車線の八幡通りのほかに南側に西行の一方通行の1車線の側道がある。これを八幡通りの西行にすれば、新幹線を通すための空間は北側に確保できる。坂出駅には新幹線駅の用地が確保されており、その東側の市街地は北側に2車線の金山通りと南側に2車線の側道があるので、これを流用して新幹線用地は確保できる。

坂出の市街地を出ると田園が広がる。その先で大平山をトンネルで抜ければ高松の市街地に入る。用地取得に時間と費用がかかるが、それほど長い距離を確保せずに、複線の予讃線に達することができる。その予讃線の上に直上高架で建設して高松駅に達することができる。宇多津駅で方向転換しなければならないが、高松駅までフル規格の標準軌新線の建設もそんなに時間と費用はかからないだろう。

宇多津駅から西行では、途中の土器川橋梁（川は安達川）までは多度津駅に向かって北側に用地があり、同橋梁を渡ると今度は南側に用地がある。しかし、東汐入川橋梁（川は土器川本川）の先は用地がないために、このあたりで予讃線を3線軌化した新幹線直通線にしてフル規格新幹線電車を乗り入れさせる。

多度津駅は予讃線と土讃線との分岐駅で電留線などがあって新幹線用ホームを増設する用地がある。高知方面は琴平駅まで複線高架にして土讃線に乗り入れる。琴平駅からの土讃線は多数のトンネルを抜けており、勾配もカーブもきついから、新幹線直通線にするのは無理がある。池田駅に寄ると遠回りである。このため山をトンネルで貫いて高知平野まで標準軌新線を一気に造るしかない。多大な時間と費用がかかることになろう。

ＪＲ四国では予讃線伊予三島駅付近まで松山駅への新幹線と共用し、同駅付近で分岐して一気に四国山地を南下して高知駅に達するルートを考えているようである。途中は山ばかりで建設費は安くる。しかし、松山―宇出津―高松―徳島間の海岸沿いはそうはいかない。用地買収は相当に困難である。だから、各市内は在来線を流用してフル規格車両が走れる新幹線直通線にして、郊外はフル規格新線にすればいい。

松山へは、在来線の予讃線の箕浦―川之江間にトンネルがあるだけで橋梁も少ない。多度津駅からは単線になるものの伊予土居駅までは比較的線形がいいから、フル規格の新幹線直通線とすることは可能だろう。

伊予土居駅から多喜浜駅までは阿島川の谷あいを抜けるた

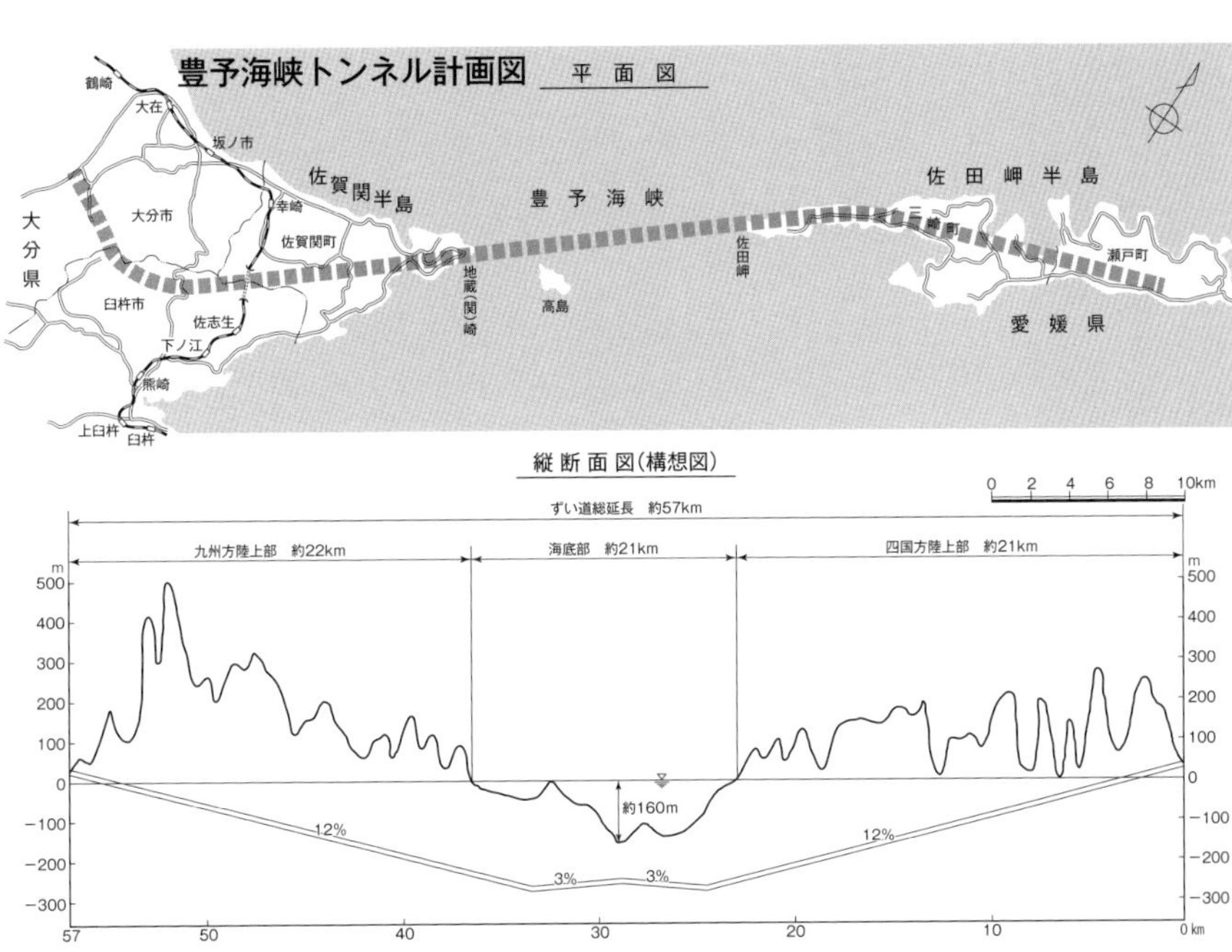

めに急勾配と急カーブ、延長５０３ｍの北山トンネルがあるから標準軌新線を先行して建設する。

多喜浜駅から予讃線を新幹線直通線にして乗り入れて新居浜駅に達する。さらに伊予小松駅まで新幹線直通線にする。伊予小松駅から予讃線は今治経由で迂回しているから、山を標準軌新線で抜けて松山まで短絡する。山を抜けると道後温泉があるが、ＪＲ松山駅まで市街地を抜けるのは大変である。温泉の湧出に影響の心配がない、道後温泉をはずれた地下を松山の新幹線駅にするのがいいと思われる。駅名は新松山道後温泉とするのがいいだろう。ここから伊予鉄道の松山市駅やＪＲ松山駅までは伊予鉄の市内電車で行ける。市内電車の一部区間を専用軌道化してスピードアップを図れば、道後温泉近くに四国新幹線の松山ターミナルを置いても、さほど不便にならないだろう。

それに四国新幹線の最終目的地は、豊予海峡を海底トンネルで抜けた大分にしている。そのためには八幡浜市を経由して佐田岬を通ることになっている。すでに鉄道建設公団は豊予海峡トンネルの基本設計を行った。

豊予海峡トンネルの完成には時間がかかるから、とりあえず松山から八幡浜付近まで延伸することを前提に、道後温泉付近に松山ターミナルを設置すれば松山の市街地を抜けることはない。また、今治を通らないことから、予讃線の伊予小松駅から今治駅までも新幹線直通線にして便宜を図ってもいい。

明石海峡ルートは神戸地下鉄の直通でとりあえず開業させる

大鳴門橋の新幹線路盤の利用は、四国新幹線の明石海峡経由か紀淡海峡経由か、はたまた橋にするか海底トンネルにするか、いまだに定まっていない。

明石海峡大橋を通る神淡鳴道は片側３車線である。今の通行量からして片側２車線でいい。片側３車線は

淡路インターチェンジの先までで、その先は片側2車線になっている。ただし津名一宮インターチェンジまでは上下線の間が広がっていて、3車線化するスペースを設置している。

神淡鳴道は神戸地下鉄西神線学園都市駅と三宮寄りで交差している。神淡鳴道の垂水インターチェンジから片側3車線になっている。学園都市駅は相対式ホーム2面2線だが、将来舞子方面への支線である舞子・学園都市線を建設する予定があるので、島式ホーム2面4線化できるようになっている。舞子駅までの舞子学園都市線を造る場合、この支線を神淡鳴道の垂水インターチェンジ付近を経由して、同自動車道の両端の車線を鉄道線にして明石海峡大橋を渡る。神戸地下鉄には33‰の勾配があるから、車両は勾配に強い。30‰の勾配がある明石海峡大橋でも問題なく走れる。淡路インターチェンジの少し先からは中央に増設予定の車線用地を鉄道路線化する。津名一宮インターチェンジからは洲本市まで達して、神戸地下鉄の一路線として、必要個所に駅を設置する。洲本市の先では紀淡海峡ルートで想定される新幹線ルートまで達して、ここに駅を

神淡鳴道の淡路サービスエリアから見た明石海峡大橋。中心に向かって30‰の上り勾配になっているのがわかる

置いて、この駅からは、将来は標準軌新線となる路線で大鳴門橋を渡って鳴門駅に達する。神戸地下鉄は山陽新幹線新神戸駅を通っているから、新神戸駅での乗り換えがあっても鳴門駅まで標準軌在来線としての路線ができる。洲本の先で紀淡海峡ルートと接続する地点（仮に南淡駅とする）から鳴門駅までは標準軌の新幹線規格新線にして、鳴門駅までは時速160㎞運転を行う。さらに、標準軌新線でJR徳島駅まで延長してもいい。

大鳴門橋は8両編成の新幹線電車1本の走行に耐える強度しかない。だが、新幹線に比して小さくて軽い6両編成の神戸地下鉄の電車を走らせるのなら、大鳴門橋を補強することは不要だろう。

徳島駅まではとりあえず準高速電車（最近でいうところの中速電車）で結ばれる。そして北陸新幹線の延長線として紀淡海峡ルートでの新幹線建設が決定したとすると、神戸地下鉄舞子・学園都市線の延伸線の南淡駅から鳴門方面は新幹線化、神戸地下鉄は南淡駅止まりにして新幹線と接続する。さらに鳴門駅から高松までの四国新幹線を建設してもいい。

また、リニア中央新幹線の延長線として四国新幹線をリニア規格で建設しても、神戸方面から地下鉄で四国新幹線と接続できるし、松山近くの標準軌新線もリニア路線に転用できる。なにしろリニアの路線規格は、フル規格新幹線の路盤に推進コイルと浮上コイルを設置してリニア路線にすることができるようになっている。これは最初に山梨で建設されたリニア実験線で、リニアの開発が無理だと判断された場合に備えて、すぐに新幹線規格に手直しできるようにリニア実験線の規格を決めた経緯がある。それを逆手にとって新幹線をリニア化することはそんなに難しいことはない。

北陸新幹線金沢―敦賀間の軌道中心間隔は4300㎜から4400㎜に100㎜広げた。今後整備される新幹線もそうする。上下新幹線電車がすれ違った場合の車体側面の間隔は1020㎜になるが、リニア電車の車体幅は2900㎜と狭くなっているから、リニア化した場合の上下電車の側面間隔は1500㎜になる。1500㎜もあれば、上下線とも推進コイルと浮上コイルが入った側壁を設置することはできる。

整備新幹線の最小曲線半径は4000mになっている。リニアのカント量（軌道の左右の高低差）は標準軌に換算して255㎜になっている。側壁浮上のため、転覆の心配がないからである。そうすると曲線半径4000mのカーブでの通過

神淡鳴道の舞子バスストップから淡路方を見る。バスストップをホームにして、3車線の神淡鳴道の両端の車線に線路を通すのはできないことはないと思われる

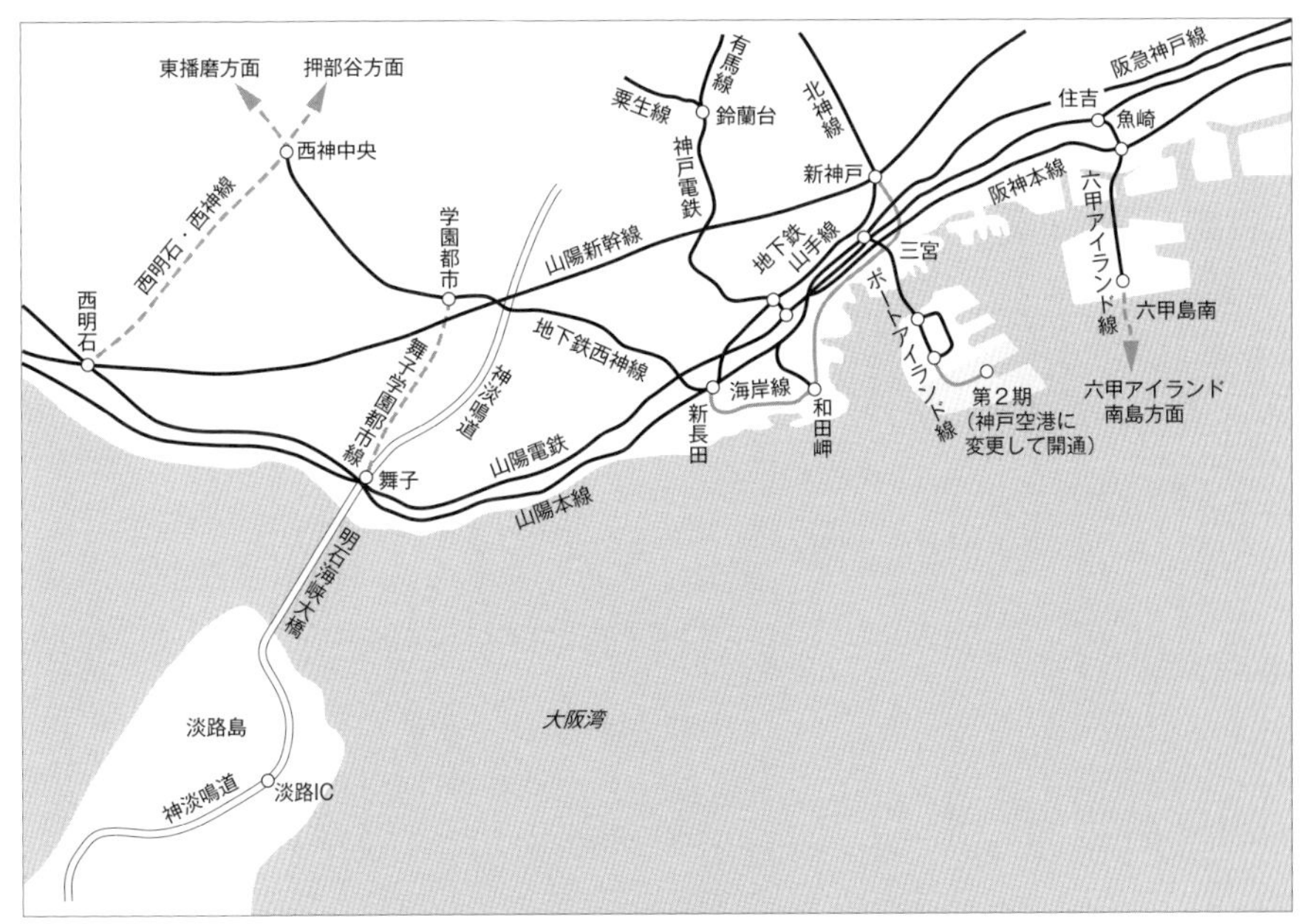

神戸付近の高速鉄道網等の整備計画（平成元年運輸政策審議会答申第4号に加筆修正）

速度は時速354kmでしかない。今後の整備新幹線はリニア化を見据えて、リニアの規格である最小曲線半径8000mで建設してもいいといえる。

また、瀬戸大橋線は騒音問題から、本州寄りの下津井瀬戸大橋と櫃石島大橋は時速95kmに落としている。新幹線は時速160kmで瀬戸大橋の各橋梁を走ることができるようにしているが、やはり児島寄りでは速度を落とさなくてはならないだろう。これは大鳴門橋でも言えることである。しかし、リニアは浮上走行することと側壁で騒音を遮蔽するから、時速500kmで走行しても騒音問題とは無縁だと思われる。

といったように、最初は中速電車や新幹線直通線で造り、順次、フル規格新幹線にし、さらにはリニア化するということも今後の新幹線の在り方だと思われる。

整備新幹線をリニア化した場合

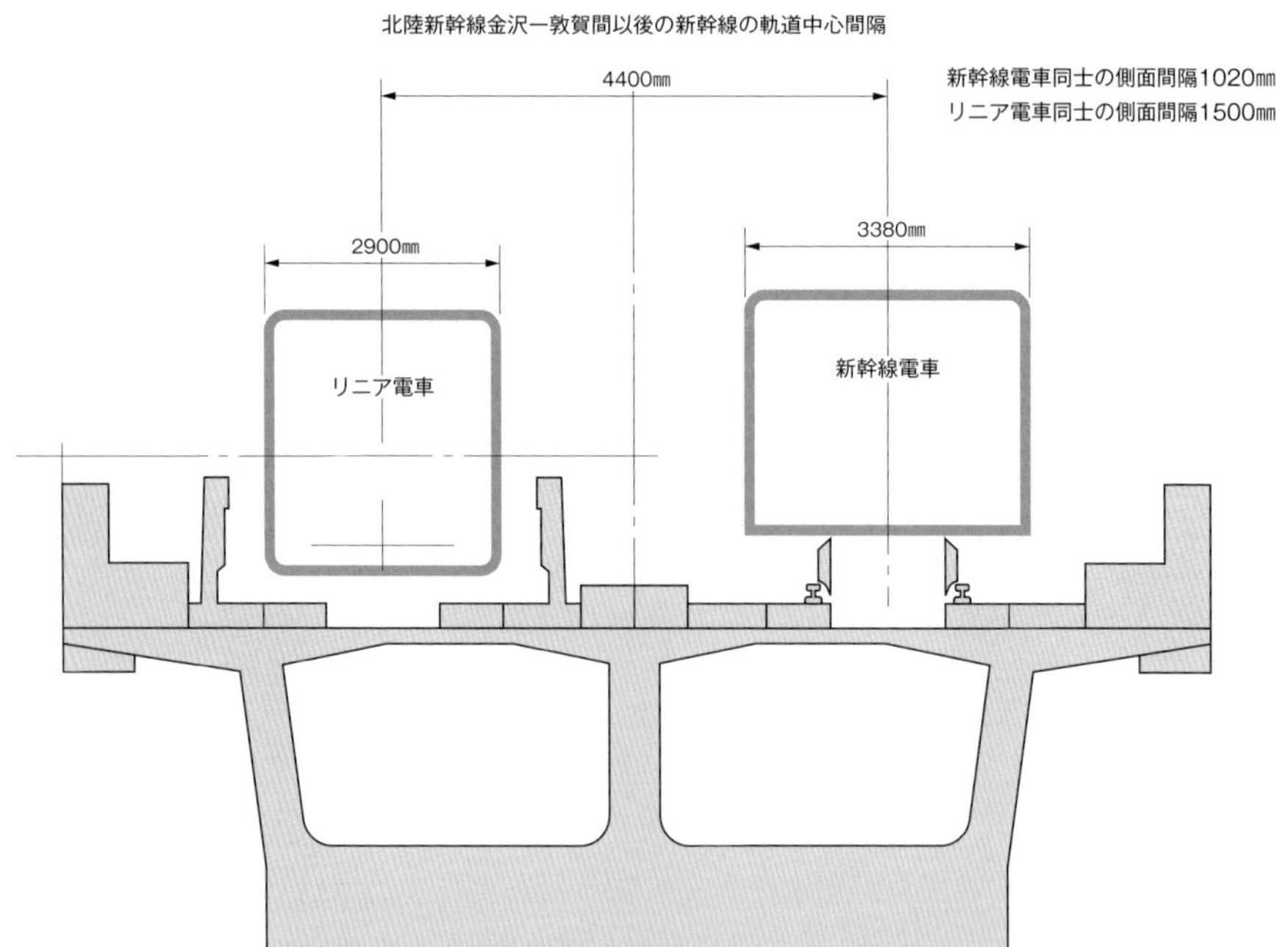

幻の陰陽連絡ルート——今福線、岩日北線

両線とも陰陽連絡を目指した

今福線は改正鉄道敷設法別表94の「広島県広島付近より加計を経て島根県浜田付近に至る鉄道」の未開通区間、岩日北線は別表96の「山口県岩国より島根県日原に至る鉄道」（原文の送り仮名はカタカナ）の未開通区間である。

別表94の既開通区間は横川—三段峡間の可部線、別表96の既開通区間は川西（正確には森ヶ原信号場）—錦町間の錦川鉄道錦川清流線（旧岩日線）である。(注17)

可部線は最初の開業が明治42（1909）年と古い路線で、明治25（1892）年の旧鉄道敷設法にも山陰山陽連絡線の予定線として「広島県下広島ヨリ島根県下浜田ニ至ル鉄道」として取り上げられている。予定線はただちに着工しなくてもいいもので、それほど重要路線でないために着工はずっと見送られていた。このため軽便線として、雨宮敬次郎率いる大日本軌道の広島支社によって山陽線横川駅から祇園（後の下祇園）駅までが開通し、続いて線路を延ばして可部町（現可部）駅まで明治44年に開通、大正8（1919）年には大日本軌道の解体によって可部軌道となり、15年に広島電気という電力会社に合併して電化され、昭和6（1931）年に鉄道部門の切り離しによって広浜鉄道となった。

注17：可部線の非電化区間である可部—三段峡間は平成15（2003）年に廃止された。しかし、可部駅西北部は太田川に沿って市街化しているために、あき亀山駅を新設して、可部—あき亀山間が平成29年3月に電化・復活した。

そして昭和11年に国鉄に買収され、改正鉄道敷設法に沿って浜田駅への建設が決まり、同年には安芸飯室駅まで非電化線として開通、引き続き浜田駅に向けて建設工事を行ったが、戦争によって一時中断、戦後の昭和21（１９４６）年という早い時期に布駅まで、29年には加計駅まで開通した。

加計―三段峡間は昭和32年に調査線、34年に工事線となり、39年の鉄道建設公団の発足により同公団に引き継がれ、40年に加計―上殿間、41年に上殿―戸河内（のちの三段峡）間が着工されて、44年に開通している。残る三段峡―浜田間は今福線として37年に調査線、39年に工事線となり、石見今福―浜田間が44年に工事認可となってただちに着工した。当初は山陰本線下府駅で接続する予定だったために下府駅の北側に国鉄の手によって盛土が建設されたが、公団は直接、浜田駅接続として今福駅の位置を１００ｍずらして下長屋トンネルなどを建設した。また、三段峡―石見今福間は49年に工事認可となったものの着工には至らず、その後の昭和55年に施行された国鉄再建法によって凍結、やがて全区間の工事が中止されてしまった。

岩日北線は開業区間の岩日線と区別するために北線とされているが、これは昭和39年に鉄道建設公団が工事を引き継いで工事線名を岩日北線としたためである。予定線名は岩日線である。

岩日線は改正鉄道敷設法に取り上げられていたが、戦前には着工されなかった。昭和27年の鉄道審議会で「直ちに着手を要すると認められる新線」として27線が取り上げられ、その多くは戦前にすでに着工されていたが、４線は未着工線で、その一つが岩日線である。

昭和28年に川西（森ヶ原信号場）―広瀬（現錦町）間が工事認可を受けてただちに着工、35年に川西―河山間、38年に河山―錦町（工事中に広瀬町が周辺２村合併で錦町となったので駅名を変更）間が開通した。

錦町―日原間は昭和37年に調査線、39年に鉄道建設公団が引き継いで同年には工事線となり、42年に錦町―六日市間が工事認可を受けてすぐに着工して、路盤はほぼ１００％完成した。また、49年に六日市―日原間も工事認可を受けたが、同区間は今福線と同様に国鉄再建法ですぐに凍結、そして全線の工事が中止されてしまった。

岩日線は昭和59年に第２次特定地方交通線に選定され、昭和62年７月に第三セクター鉄道の錦川鉄道に転換された。

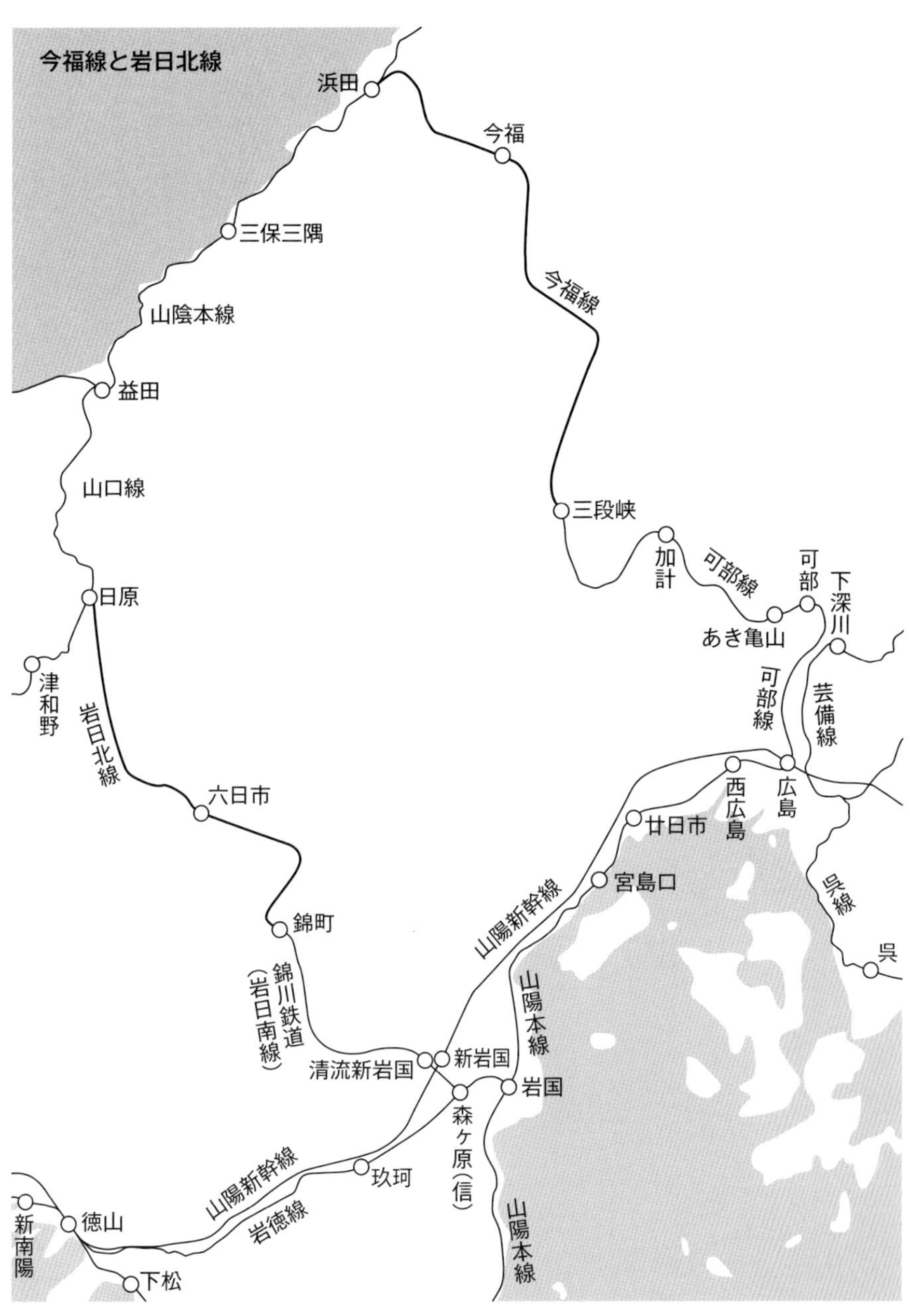
今福線と岩日北線
浜田
今福
三保三隅
今福線
山陰本線
益田
山口線
三段峡
加計
可部線
可部
下深川
あき亀山
日原
津和野
岩日北線
可部線
芸備線
西広島
広島
六日市
廿日市
宮島口
呉線
山陽新幹線
錦町
呉
錦川鉄道（岩日南線）
山陽本線
清流新岩国
新岩国
岩国
森ケ原（信）
山陽新幹線
玖珂
新南陽
徳山
岩徳線
山陽本線
下松

両線の建設ルート概要

今福線の工事起点である三段峡駅は片面ホームで、終端側に機回線の跡があった。後に撤去されて短い側線とのポイントが残った。その終端の向こうは川があり、その先は山である。線路は川の手前で途切れている。

今福線はここからやや右にカーブして9・9kmの三段峡トンネルを抜けて、橋山駅となり、そのまままっすぐ小中4カ所のトンネルを抜けて芸北駅となる。

芸北から左にカーブして7・6kmの芸北トンネルを抜けて島根県に入り、波佐（はざ）駅となる。波佐駅から右にカーブして二つのトンネルを抜けて、さらにやや右カーブして5・1kmの徳田トンネルを抜けて徳田駅、続いて旭町駅となる。旭町から大きく左カーブして、小さなトンネルをいくつも抜けると石見今福駅である。そして大小のトンネルを抜け、浜田市内では一度京都方に大きく回り込んでから山陰本線と並行して浜田駅となる。延長54kmで、中国山地を抜けるために大部分はトンネルである。

路盤工事は石見今福付近とその浜田方の下長屋トンネルが完成しただけ、用地は芸北町と浜田市の一部を買収しただけで、工事進捗率は6・7%でしかない。

今福線のルート

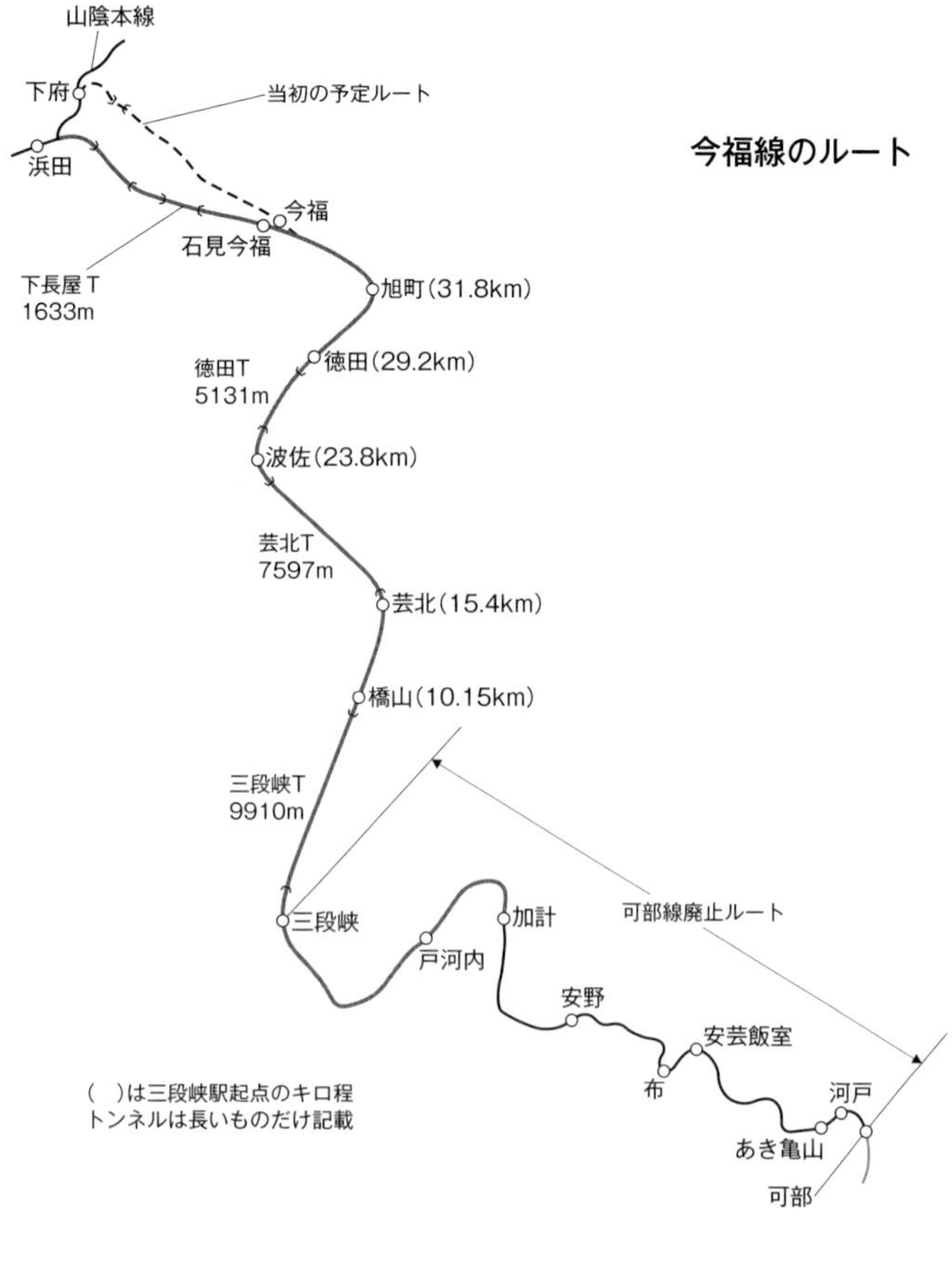

一方、岩日北線の工事起点となる錦町の先には路盤が完成しており、そのまま広瀬トンネルを抜けて、国道187号と交差した先の高架のところに出市(いずし)駅ができ、ここから国道434号に沿って東北に進む。道念トンネルを通って周防深川(すおうふかがわ)駅となり、第1・第2小山トンネルを抜けると下須川(しもすがわ)駅、そし第3・第4小山トンネルを抜けると高根口駅となる。ここから左カーブして長い六日市トンネルを抜け、島根県に入って中国自動車道をくぐり、しばらくすると六日市駅となる。

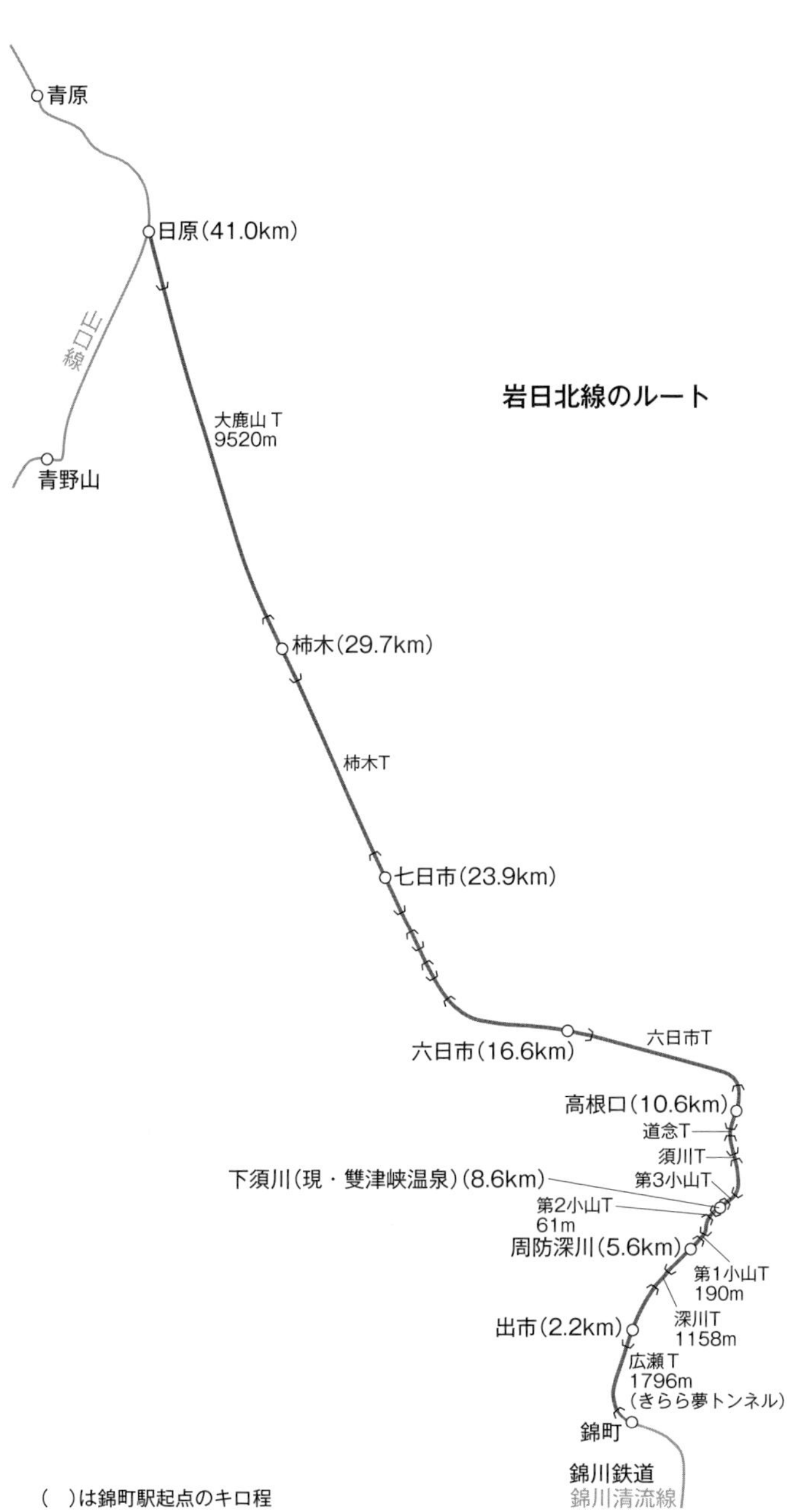

岩日北線のルート

(　)は錦町駅起点のキロ程

ここまでほとんど路盤は完成しており、高架橋の上にある出市駅はホームもできている。

六日市駅からは六日市町の市街地を抜けて右にカーブして北上し、三つのトンネルを抜けると七日市駅となる。ここから延長5㎞の柿木（かきのき）トンネルを抜けて柿木駅となり、すぐに延長9・5㎞の長大な大鹿山（おおじかやま）トンネルを抜けると日原町に入って、しばらく進んで山口線日原駅となる。

錦町―日原間は延長41㎞で、先述のように六日市駅まではほとんど完成しているが、六日市―日原間は一部の用地買収をしただけである。

テレビも取り上げた岩日北線

岩日北線は山口線の日原駅までだから、レンタカーでも結構時間がかかることや、今福線も調査するので、広島で1泊して翌日まる1日を調査にあてることにした。まず岩国駅から錦川鉄道に沿うルートで錦町駅まで行く。

広島で朝の身支度をしているとき、日本テレビ系列の番組『ズームイン朝』で、「清流を走るローカル線」というコーナーをやることを朝刊で知った。しかし、一般道で浜田まで往復する予定だからかなり時間がかかると思われるし、レンタカーは8時からの予約であり、広島の駅レンタカー営業所は北側の新幹線口にある。投宿しているホテルは広島駅の南側の表口だから、7時30分すぎからはじまるであろうこのコーナーを見ているわけにはいかない。そこで自宅に連絡して家人に録画するように頼んでホテルをあとにした。

帰宅後、その録画を見ると、清流を走るローカル線とはまさしく錦川鉄道の紹介であり、後述する岩日北線の建設跡や錦町駅を映していた。

さて広島から山陽自動車道で岩国インターに出て、国道187号を錦川鉄道と並行しながら走る。途中、テレビのロケバスとすれ違ったり、錦川鉄道の列車が走っていたり、錦川鉄道を清流線と呼んでいる看板があったりしたが、もうこのときは番組のことは忘れていたので、気にも止めずに眺めていた。

国道187号と国道434号との合流点[注18]である五味の交差点で錦町方向へ434号に沿って左折すると、ほどなく錦町駅である。

まずは駅を眺めてから、駅事務所で「岩日北線の建設跡のわかるところはどこか」と尋ねた。駅長さんらしき人が応対してくれ、「駅の終点側すぐに広瀬というトンネルがある。それに国道187号に戻れば高架橋も残っている」と教えてくれた。

私自身は知るよしもないが、つい1時間前にはここで実況を行っていて、同様なことを放送していたのだから、ずいぶん手際よく来たものだと思われたかもしれない。とはいえ東京から取材で来た旨を告げたから、そうではないとわかってくれただろう。「復活はありえますか」と聞くと、「99%ない」という返事だった。しかし、「わしらは岩日北線ができるというから土地を提供した。だから、ほんとうは復活してほしい。あれだけ造って放っておくのはもったいない」ともぼやいていた。

さらに「国道187号と434号の分岐点からずっと434号沿いに並行して、途中から山を抜けて島根県の六日市町（平成17年に周辺町村と合併して現在は吉賀町六日市）までは残っている。けれども六日市駅には家が建っていて駅の用地はほとんどなくなっており、その先はまったくなにもない」とのことだった。

「広瀬トンネルはスラブ軌道だ」という説明を受けて、とりあえず駅近くのこのトンネルを見に行った。まだ9時前だというのに、猛暑で気温は相当高く、少し歩いただけで汗が出るほどである。だが、広瀬トンネルの坑口に着くとトンネルからひんやりとした風が体をなめてくれて、ほっと一息ついた。駅長はスラブ軌道だと教えてくれ

注18：五味交差点から出市交差点まで国道187号と434号は共用。

たが、柵がありトンネル内には入れないから確かめようがなかった。

広瀬トンネルの銘板には「型式2号型」とある。これは断面の大きさを示すもので、電化は予定されていなかったことがわかる。続いて「設計日本鉄道建設公団下関支社、着手昭和46年11月8日、しゅん功昭和49年1月31日」とある。20年以上も前の竣工である。

駅の終端から小川を小さなコンクリート橋で渡りトンネルまでの路盤は完全にできあがっており、線路を敷けばすぐにでも走らせることができるほどである。

国道434号に沿う

このあと国道187号に戻り、北上すると434号の出市交差点を抜けた先に高架橋が187号を横断しているのが見てとれた。クルマを停めて広瀬トンネル側の土手を登り、高架橋の付け根に行く。高架橋の左側には出市駅ホームも設置されているのがはっきりとわかる。帰ってから例の番組を見ると、やはりここから撮影した風景を映しだしていた。建設放棄線の象徴的な場所といえよう。

岩国寄りから見た錦町駅

錦町駅から広瀬トンネルまでは近い

車止めから広瀬トンネルを見る。レールさえ敷けばすぐ走れる雰囲気である

広瀬トンネルの錦町側坑口。手前に短いPC橋がある。有刺鉄線で囲われ、看板には「立入禁止、日本国有鉄道清算事業団・中国支社」と書かれていて、錦川鉄道や錦町にまだ譲渡されていなかった

国道187号から見た出市駅前後の高架橋と盛土

広瀬トンネルの六日市側坑口。トンネル内は立入禁止だが、路盤跡には入ることができる

広瀬トンネルから六日市寄りに延びている高架橋。有刺鉄線で囲われているが、立入禁止の看板はなく、横断歩道代わりに使われているためか、横から高架橋に入れる。奥に出市駅のホームが見える

出市駅の片面ホーム

横から見た出市駅。地上からの階段は造られていない

地上から見た出市駅

この先で国道434号に折れ、しばらく走ると左側にずっと岩日北線が並行しているのが確認できた。国道との間には川があるから近寄れないが、ところどころ対岸への橋が架かっているので、その都度、対岸の路盤まで見に行った。また、途中で川を渡り国道と交差し再び離れたりしているが、これは国道や川よりもカーブを少なくしなくてはならないためである。ところどころに少し広くなっているところがあり、これが周防深川、下須川、高根口の各駅の予定地である。建設跡は高根口駅の先で大きく左にカーブして六日市トンネルに入ってしまう。ここまでが434号との並行区間で、434号は戸河内のほうへ行き、岩日北線は西に向きを変えて六日市町に行くのである。

六日市の駅用地には住宅とバス車庫

いったん引き返して国道187号で六日市町に向かう。傍示ケ峠を越え島根県に入り、しばらくすると中国自動車道の六日市インターがあり、その先で同自動車道と交差したが、岩日北線跡は見当たらない。しかたがないので六日市町役場に行き、教えてもらうことにした。

町役場の人は親切で、住宅地図をコピーして、そこに駅や路

出市駅の狭いホームから広瀬トンネルを見る。下の道路は国道187号

国道434号に沿う岩日北線

深川トンネルの六日市側坑口

周防深川駅予定地

周防深川—下須川間で宇佐川と国道を跨ぐ宇佐川橋梁

国道から見た下須川駅。現在は「とことこトレイン」の雙津峡温泉駅になっている

下須川駅へのアプローチ道と第2小山トンネル坑口

盤跡を記入して渡してくれた。ここでも同じように、復活はありえますかと問うと、「島根県が積極的でないために、できない。だから、駅用地を買い上げて住宅地として販売した」とのことである。また、六日市駅から先はなにもないとのことなので、走っても無駄と判断した。

やはり県境にまたがる建設線は両県の意向があわず、第三セクター鉄道での開業が難しいことを示している。もし六日市駅が山口県内にあれば、ここまで開通していたかもしれない。第三セクター鉄道化したあと延長開業した岐阜県の樽見鉄道の例からして、ありうることである。

役場でもらった地図を見ながら行くと、先ほどの中国道と交差しているそばに盛土があり、これが路盤跡だった。六日市駅から日原駅に行く場合、国道187号を跨ぐので、駅は高架を予定していたためということがわかる。その先のJAの敷地から眺めると、この盛土を撤去する工事をしており、終了したところではモダンな住宅が建っていた。

反対側の県道にまわり、さらに小道を通って、駅予定地内に入ることができ、モダンな住宅街をじっくり見ることができた。その隣には中国ジェイアールバスの車庫があった。つまり、駅予定地の半分は岩日北線の〝代替バス〟の基地に使われている

国道の反対側にあるアプローチ道から下須川駅予定地を見る

のである。

そのまま県道を進むと、並行している路盤跡は中国道の下を走るように進み、そして山口県側に向かうための六日市トンネルの坑口が中国道のすぐ近くにあるのを発見した。

六日市の駅部以外は、線路を敷設すればすぐにでも走れる。六日市駅までは、錦川鉄道や山口県、島根県、錦町、六日市町がその気になれば、すぐに開業は可能である。

高速道を法定速度で走り浜田へ

六日市町から先は着工していないとのことなので、岩日北線の調査はこれで切り上げ、六日市インターから中国道、浜田道を通って浜田に向かい、今福線の調査に移る。

途中、安佐サービスエリアで遅い昼食をとったが、相席になったトラックの運転手から、浜田道はスピード取り締まりがきびしいから注意したほうがいいと教えられた。北海道であっという間にスピード違反した身だから、これを肝に命じて、中国道も含めて法定速度で走ることに努めた。

しかし、中国道は片側2車線だから左側を法定速度で走っていても後方のクルマは追い越すことができるが、浜田道は

六日市寄りから見た六日市トンネル

六日市トンネルを出ると中国道を斜めにくぐる

中国道の岩日北線架道橋とその先の盛土路盤

六日市駅予定地の錦町寄りはJRバスの車庫になっていた。現在は六日市温泉「ゆ・ら・ら」になっている

六日市駅予定地の日原寄りは公営住宅を建てている

高津川越しに六日市駅予定地を見る

日原寄りの盛土は崩している最中だった。現在はパチンコ店などが建っている

片側1車線、ここで法定速度を守って走るとすぐに後ろから追い詰められてしまう。何度か片側2車線区間で追い越させたりしたが、とにかく我慢の走り方はよくない。

国鉄初の振り子車両である381系は、カーブを規定の速度（本則）よりも一律20km速く走るようにしていたが、現在の振り子車両は、本則の速度が高くになるにつれて加える速度も多くしている。つまり本則が60kmのとき振り子電車は80kmで走るが、本則80kmのときは120kmで走らせている。同様に、一般道でも高速道でも、10km未満の速度超過は速度計の誤差もあってほとんど不問に付されるが、誤差の割合から考えると、高速道はより高い速度だから25km程度までは不問に付してもいいはずである。

とはいえ法定速度で走っても、それほど時間がかからずに浜田に着いた。

今福線は、計画図によると国道9号バイパスと国道186号との交差点付近を通っているが、工事進捗率が6・1%で中止となったのだから、それらしいものは見当たらない。しかたがないから、ここでも市役所に行って聞くことにした。

石見今福駅付近だけが完成

浜田市地域振興課の職員は、その路盤跡は浜田の京都寄りの2駅目にある久代（くしろ）駅の手前の南側にあるはずだと言う。だがこれは明らかにルートが異なる。今一度尋ねると、「線名は忘れたが、かつて内陸部へ走っていた路線の跡で、これを流用して広島までつくる予定だったと思う」とも言う。しかし、このあたりには山陰本線の支線も私鉄もなかったから、それがなんなのかはわからない。専用線でもあったのだろうか。

とにかく、それは違う、広島側に抜ける鉄道建設公団の建設線跡だと言うと、やっと了解したようで、「それならば金城（かなぎ）町（現浜田市金城）の県道5号のそばにあったはずだ」とのこと。浜田市内ではどうかと聞くと、「浜田中学校のところに橋脚が1本あるから、それかもしれない」とのことであった。

それではと、まず浜田中学の近くまで行ったがまったくわからず、西側の丘に登って浜田の街を眺めたがそれでもわからなかった。市役所の職員があまり知らないのでは浜田市内には跡はないということだと判断して、国道186号を経て県道5号を走った。地図上に書き込んでおいたルートと照らしあわせながら進んだが、どこにもない。

あきらめて国道186号へ出る道を進むと、そこに路盤がくっきりと直交していた。道路の横は掘割、道路の下はトンネルであった。トンネルの銘板には「下長屋ずい道、型式2号型」とある。今福線も電化は予定されていなかったことがわかる。続いて「設計日本鉄道建設公団下関支社、施工鴻池組、着手昭和48年11月30日、しゅん功昭和50年8月28

今福線の下長屋トンネル

同トンネルの銘板

日」とあり、ここもずいぶん前の竣工である。

トンネルはそれほど長くなく出口が見え、さらにその先に路盤は続いている。南側の路盤は畑の中を突っ切っており、少し広くなっている。これが石見今福駅の予定地で、掘割の幅は単線よりも広いから、このあたりまで行き違い用に複線にする予定だったと思われる。ここ以外には路盤跡は見つからなかった。その後、調べると結構建設跡があるのが判明したが、橋脚だけだったり朽ち果てたトンネル坑口があるだけだったりで、連続している建設跡は石見今福駅付近だけだったことがわかった。

とりあえずこの付近だけを着工して、それから浜田に向かって建設する予定だったようで、トンネルを通り越して浜田側に1㎞あまり完成し

下長屋トンネル上部の道から三段峡方を見る。ずっと路盤が続いている

トンネルを背にして掘割から三段峡方を見る

た時点で中止になったものと思われる。

このあと可部線の三段峡に行こうとしたが、道を間違って瑞穂町（現邑南町）に出てしまい、再び浜田道、中国道を法定速度で走ることになった。

なお、平成24（2012）年春に『日本の鉄道全線・全駅・全配線』シリーズの『山陽・山陰ライン7巻・広島エリア』（講談社）の取材のときに、下長屋トンネルを2回訪れた。1回目に訪れたあとに浜田駅の一つ京都寄りの下府駅の北側の少し離れたところ、つまり久代駅との間南側に山陰本線から分岐している単線線路の盛土が延びてトンネルが抜けているのを発見した。

そこで、今一度、鉄道建設公団の建設史を調べてみると、これが当初計画の今福線の単線盛土路盤だった。国鉄の計画では、今福線が直接、浜田駅に入るためには浜田の市街地を通り抜けなければならず、用地買収に手こずる。そこで終点を下府駅とし、下府―浜田間は山陰本線と共用する。国鉄がよく行う手法で、越美北線も福井駅を終点にせず、手前の南福井（貨物）駅を終点としたのと同じである。これが浜田市役所の人が言っていた線路跡だと思う。

ともあれ、これを引き継いだ鉄道建設公団も工事実施計画に当たって下府駅を終点として下府―今福間16㎞を昭和43

築堤から、下にある下長屋トンネルを見る

（1968）年5月に運輸大臣から認可を受けた。しかし、昭和44年12月5日になって終点を浜田駅に変更する認可を受けて同月16日工事に着手した。このとき今福駅の位置も100mほど浜田寄りに変更した。

浜田駅を終点に変更すると山陰本線と共用しないですむので、今福線は4㎞程度、距離が短くなって、所要時間もわずかながら短くなるメリットがある。

下府を終点とした認可時には工事に着手していないと記録されているが、国鉄時代にすでにこの盛土区間だけは先行して建設を行ったようである。

ミニ新幹線気動車で山陰を活性化

中国自動車道は山陽・山陰のほぼ中央を走っており、吉川ジャンクションで舞鶴自動車道、福崎インターチェンジで播但（ばんたん）連絡道、落合ジャンクションで米子自動車道、北房ジャンクションで岡山自動車道、千代田ジャンクションで浜田自動車道、広島北ジャンクションで広島自動車道が分岐し、また、各インターチェンジで国道に接続して、山陽・山陰両方から利用できるようにしている。この方法は必ず

山陰本線下府駅の京都寄りにある当初の今福線の盛土。奥の山陰本線を快速「アクアライナー」が走っている

下府駅への盛土の山側には短いトンネルも掘削されていた

再々度、訪れた下長屋トンネル周辺は、今福線建設跡がわかるように整備されていた

草に埋もれていた石見今福駅の高架橋周囲の草が刈られ、見えるようになった

短い橋梁も見えるようになった

その奥のもう一つの橋梁は舗装され、道路として使用されている

同・横から見る

しもいいとはいえないという批判もあるが、中国地区に1本だけ高速道路を造るとなると、これしかない。

鉄道ではまずは山陽路に山陽新幹線を建設したが、山陰方面のことは考慮せず、将来は山陰新幹線の建設を考えていた。

陰陽連絡鉄道には福知山線、播但線、津山・因美線、伯備線、芸備・木次線、三江線（平成30年廃止）、山口線、美祢線があるが、これらの路線で比較的高速の特急が走っているのは福知山線と伯備線だけ、平成6年に開通した智頭急行には高速特急の「スーパーはくと」が走りはじめて、大阪—鳥取間は非常に便利になったが、この3線以外は陰陽連絡鉄道としては機能していない。岡山からの伯備線は振り子電車が走り、少しは速いが、広島からはなにもない。のちに振り子特急の「スーパーいなば」が岡山—鳥取間、「スーパーおき」が鳥取—新山口間を走りはじめて速くはなったが、目を見張るほどの速さではない。地元でさえこれら特急を利用せず、高速道路を通ってのクルマ利用をしている。結局、このため山陰地方は衰退しつつある。

だが、山陽新幹線と連携した高規格路線（中速鉄道）があれば、中国自動車道からの分岐ルートと同じように、陰陽連絡鉄道として役に立つ。とくに中国地方第一の都市である広島から山陰地区を結ぶ鉄道があれば便利なのに、前述したように広島から山陰への鉄道は芸備線経由木次線しかない。

1995年時点では芸備線には急行「みよし」が広島—三次間で運転され、三次—備後落合間は普通として延長運転をしていた。このほか広島—備後落合間の急行「ちどり」2往復があり、うち1往復は備後庄原—備後落合間普通として運転していた。「ちどり」の広島—備後落合間の所要時間は2時間2分、表定速度56・3kmと低速である。備後落合駅で松江発着の木次線経由の普通と連絡しているが、松江—広島間は4時間56分もかかる。陰陽連絡鉄道として全く機能していない。

三次駅から山陰本線の江津駅までの三江線もあったが、三次—江津間は3時間前後かかっていて、芸備線の急行と連絡したとしても広島から江津駅まで4時間はかかる。その後、三江線は運転本数を減らし、また、昼間時に三次駅から江津駅まで全線通り抜ける普通は石見川本駅で1時間半ほど停車（同駅で列車番号は変わるが同じ車両）する列車1本だけになっていた。結局、三江線を利用するなと言わんばかりに不便にして乗客を減らして廃止できる環境にもっていき、平成30年4月に廃止されてしまった。

鉄道建設公団が施工したり設計したりした路線は線形がよいので、少し改良を加えれば高規格路線になる。智頭急行がそうであり、まもなく開業予定（1995年時点）の北越急行もそうである。三江線は口羽―浜原間29・6㎞が公団建設線だった。三江線の公団建設区間が30㎞程度しかなく、他の区間は簡易線として建設されていて線形が悪く、高速化の効果はあまりない。それに江津駅がさほど大きな駅でないこともあろう。とはいえ中都市の浜田までは20㎞ほど、大田市までは40㎞ほどのところに江津駅があるので、山陰本線と連携して高速化すれば利用されただろうが、JRはまったくその気はなかった。

ともあれ広島からは可部線とこの今福線を、山陽新幹線で一駅の新岩国からは錦川鉄道と岩日北線、それに山口線の日原―益田間を高規格路線にすれば、山陰の各地区は活性化されよう。可部線は広島の通勤路線でもあるから、広島―浜田間ルートは狭軌のままスーパー特急を走らせるしかないが、新岩国―益田間ルートは新幹線直通線にすることはできるだろう。

つまり、新幹線新岩国駅の手前から錦川鉄道への連絡線を設ける。今は撤去されているが、錦川鉄道（岩日線）の御庄（現清流新岩国）駅の南側、つまり新幹線と交差した南側に新幹線新岩国保守基地への資材搬入のために狭軌線が乗り入れていた。また、現在の新岩国保守基地の新岩国の駅寄りの2線は新幹線電車の電留線になっている。この2線への新幹線本線からの入出庫線は、当初からあった保守基地の出入線を電化して共用している。これらを使って錦川鉄道との連絡線を造ればいい。

錦川鉄道や岩日北線、山口線日原―益田間を標準軌に改軌して、3両編成程度のミニ新幹線気動車が乗り入れるのである。気動車としたのはトンネルが非電化用で小さいからである。新幹線区間では気動車のエンジンは切って、牽引専用の新幹線電車に引っ張られるだけとする。福知山線や七尾線でかつてやっていたのと同様な方式である。他の陰陽連絡線にもミニ新幹線気動車（伯備線は電車）を走らせてもよい。これにより山陰地方は活性化されるだろう。3線軌化しないで標準軌だけにするのはすでに貨物列車の運転はないからである。

海外ではこのようなことをするが、画一的な車両とダイヤによって運行する、近年の日本の鉄道業界では、特殊すぎるために敬遠され実現は不可能だろう。とはいえ斬新なアイデアを採用してもいいいと思う。

最初から新幹線と連携した高規格路線として考えていれば、赤字ローカル線にはならなかったといえるのである。

このような考え方で復活するのがいいが、とくに岩日北線のほぼ完成した区間である錦町—六日市間はこのまま放置しておくのはもったいない。線路さえ敷いて気動車を走らせることはそれほど費用がかからない。岩日北線は鉄道建設公団のAB線（A線は地方開発線、B線は地方幹線）だったために、国鉄清算事業団からの無償貸付が可能である。レール敷設費、信号関係の設備は必要だが、それでも新幹線と連携して、ある程度の高速運転をすれば、やりようによっては、赤字にはならない。要はどう積極経営をするかである。

岩日北線が全通したとすると、ミニ新幹線気動車を新岩国駅手前から東萩と津和野まで1時間ごとに走らせればいい。新大阪—東萩間は3時間59分の所要時間になるだろう。

完成していた錦町駅から先は連結トレーラー「とことこトレイン」が走るようになった

結局は六日市駅まで開業はしなかったが、下須川駅の少し先に「雙津峡温泉駅」を設置して、錦町駅からそこまでの路盤は「岩日北線記念公園」と称して連結バスが走れるように整備された。そこを電気駆動の牽引車がトレーラー客車を牽引する「とことこトレイン」が走るようになった。公園内を走る遊具ということから運送事業には当たらないので、国土交通省の許可は不要である。

現在の「とことこトレイン」は平成21（２００９）年9月に導入したものである。17年の愛知万博で運行していた電気駆動のグローバルトラムを譲受したものである。それまでは平成13年の山口きらら博で運行していたLPガスを燃料にした内燃駆動のトレーラーバスを使用していた。

錦町駅を出てすぐにある広瀬トンネルは「きらら夢トンネル」と称して、蛍石の装飾を施して照明している。行きの「とことこトレイン」はトンネル内で停車し、乗客を降ろしてトンネル内を散策させている。再び乗車して広瀬トンネルを抜け、出市駅のホームを横切って進む。「とことこトレイン」の客車の床は低いためにホームはちょうど目線の位置にある。

錦川の支流の宇佐川を第1宇佐川橋梁で渡って宇佐川に沿って１１５８ｍの深川トンネルをくぐって進み、第2宇佐川橋梁手前で１９０ｍの第１小山トンネルをくぐる。宇佐川を渡ってさらに61ｍの第２小山トンネルを越えると雙津峡温泉駅となる。ホームはまだ設置されてていなかったので、ループ式のＵターンできるスペースをとれるためにここを終点とした。

料金片道７００円、往復１４００円だが、錦川鉄道利用者は片道２００円、往復４００円が割引される。さらに20人以上の団体も同じ額が割り引かれる。

この方法で生かしているのもいいが、路盤は旧六日市町の市街地手前の道の駅「むいかいち温泉」付近まで残っているから、ＢＲＴ(注19)システムを導入して吉賀町役場まで、さらには国道１８７号を通って津和野まで走らせてもいい。

岩日北線の路盤跡は踏切がないから、三陸の気仙沼線などで導入しているＢＲＴと違って、しっかりした位置検知システムを備えた信号保安装置を導入すれば時速１００㎞程度の高速運転は可能だから、国道を法定速度を順守して走るクルマよりも速く錦町―六日市間は結ばれよう。

あるいは線路を敷設して、四国の阿佐海岸鉄道のように鉄道と道路の両方を走ることができるＤＭＶを導入してもいい。ただし錦川鉄道に乗り入れ新岩国駅を起点にしないと意味がない。しかし、国交省がこれを許可するかの難題が立ちはだかっている。

注19：ＢＲＴとはBus Rapid Transitの略で訳すと「バス快速輸送機関」である。鉄道路線敷等をバス専用道路にしてバスを走らせるもので、東北三陸地区の気仙沼線や釜石線の東日本大震災で被災した鉄道路線などで採用されている。ＪＲは「バス高速輸送システム」と称しているが、さほど高速で走っておらず、最高速度は80㎞は出ているが、交差する車道のほうを優先していて一旦停まったりしてそんなに速くはない。

錦町に停車中の初代「とことこトレイン」

広瀬トンネルは蛍石で装飾して「きらら夢トンネル」と呼ぶようになった。「とことこトレイン」は停車して乗客を降車させ、トンネル内を散策できるようにしている

出市駅のホームの横を通過する

下須川駅予定地を通過

その先の第３小山トンネルの手前にループ道を造ってここで停車、一定時間停車後に折り返していく

ループ道のところを「雙津峡温泉駅」として、同駅で降車することも可能

現在の「とことこトレイン」の後部客車

現「とことこトレイン」の先頭牽引車。宮下啓司撮影

九州山地を越える路線――高千穂線高千穂―高森間

九州横断構想の一部をなす高千穂線

日豊本線の延岡駅から分岐して高千穂駅までの高千穂鉄道、それに豊肥本線の立野駅から分岐して高森駅までの南阿蘇鉄道は、元来は延岡―熊本間の九州横断路線として計画されたものである。ここで取り上げる高千穂―高森間はその未開通区間であり、工事線名は高千穂線である。

高千穂―高森間は鉄道建設公団が着工し、建設中止になるまでに59・2%が完成、各所に高架橋や路盤が残っていた。

高千穂線の歴史をひもとくと、まず明治29（1896）年に熊本―延岡間に軍事および産業に役立つ路線として、敷設しようとする機運が出てきた。当時はまだ豊肥本線も建設されておらず、現鹿児島本線、当時の九州鉄道もやっと博多―熊本間などが開通していた程度だから、熊本―延岡間の建設などは夢物語そのものであった。明治25年に公布された最初の鉄道敷設法では、九州横断鉄道は「熊本県下熊本より大分県下大分に至る鉄道」として取り上げられている。地形的にもそして経済性からしても、熊本から大分を結ぶほうが有利とされたのである。

それでも地元は、宮崎県から九州を横断する鉄道の必要性を説いてまわり、大正11（1922）年の改正鉄道敷設法では別表119として「熊本県高森より宮崎県三田井を経て延岡に至る鉄道」が取り上げられた。高森線立野―高森間は軽便鉄道法によってすでに建設がはじまっていたから、「高森より」となったのである。三田井は高千穂である。

改正鉄道敷設法は「建主改従」政策、つまり新線建設を主にして、開通している幹線の改良を後まわしにする政策からきているが、そうはいっても全国に150もの予定線が取り上げられているから、なかなか建設に着手することはできない。

改正鉄道敷設法公布前に着手された立野―高森間もそれほど重要な路線ではないために、建設予算が充分に配分されなかった。このため大正14年には高森線の建設工事は中断されてしまった。

熊本、宮崎、大分の各県（大分は南部地区の利便性のため）が結束して「高千穂高森間鉄道促成同盟会」を結成、建設促進運動を開始し、ようやく昭和３（１９２８）年に高森線立野―高森間が開通した。

一方、宮崎県側は日ノ影線の名で昭和７年に延岡側から着工、10年に日向岡元駅、11年に川水流駅、12年に槇峰駅、14年に日ノ影（高千穂鉄道に継承後の平成７年に日之影温泉に改称）駅まで開通した。しかし、戦時体制となり、この先の建設は中止された。

戦後になって「日ノ影高森間鉄道敷設期成同盟会」が地元により結成され、国に請願運動を再開し、ようやく昭和37（１９６２）年に鉄道審議会が日ノ影―高森間を建設線に編入した。39年に鉄道建設公団が引き継ぎ、41年に日ノ影―高森間を鉄道建設公団のＢ線（地方幹線）として建設を開始、まず日ノ影―高千穂間の工事を重点にして、昭和47年に高千穂駅まで開通した。線名はこのとき高千穂線と改められた。高千穂―高森間は、測量等は行われていたが、高千穂駅までの開通時点では本格的な工事は行われていなかった。昭和48年に工事認可が下り、ただちに着工した。

工事そのものは順調に進んでいたが、鉄道建設公団とて全国にローカル新線の建設を多数かかえているなか、高千穂延長線への予算は充分に回らず、他のローカル新線と同様に進捗状況はかんばしくはなかった。

そんな状況のなか、昭和50年に高森駅からすぐの高森峠を抜ける高森トンネル（延長６・48㎞）内で突然異常出水した。高森側坑口から約２㎞のところから毎分36トンもの出水となり、この結果高森町の湧水水源８カ所が枯れて、自衛隊が給水に出動するなどの大騒ぎとなった。翌51年までに飲料水、農業用水などの応急対策を進め、トンネル工事も一時中断のうえ、鉄道建設公団と地元との補償交渉を開始した。

その後、工事は再開されたけれども、昭和56年にはＢ線であっても特定地方交通線に該当すると認められる国鉄新線はすべて建設が中止になるが、高千穂線延長線は出水事故などがあったために、その前の昭和54年にすでに中止の方向が打ち出されており、正式に56年に凍結されてしまった。国鉄新線のうち、地方自治体が第三セクター鉄道を設立して運営にあたる場合は、工事を再開して引き渡すことができるという期限付き運輸省告示がなされたが、高千穂新線は工事進捗率が約60％であり、熊本県と宮崎県にまたがるために両県の思惑が合わず、再開されぬまま期限切れとなり、再着工は断念された。

既開通区間の立野─高森間は、熊本県は参加していないものの周辺町村がほぼ全額を出資して設立された第三セクター鉄道の南阿蘇鉄道に昭和61年に引き継がれ、延岡─高千穂間は宮崎県や民間企業も加わった完璧（？）な第三セクター鉄道の高千穂鉄道が平成元年に引き継いでいる。なお、平成元年には鉄道建設公団と高森町との出水事故に関する補償協定が成立し、補償金を基金にして、その運用益をポンプの電気代やメンテナンス費用にあてることになった。

国鉄分割民営化後は国鉄清算事業団が所有

公団が取得した用地や完成した路盤、高架橋、トンネル

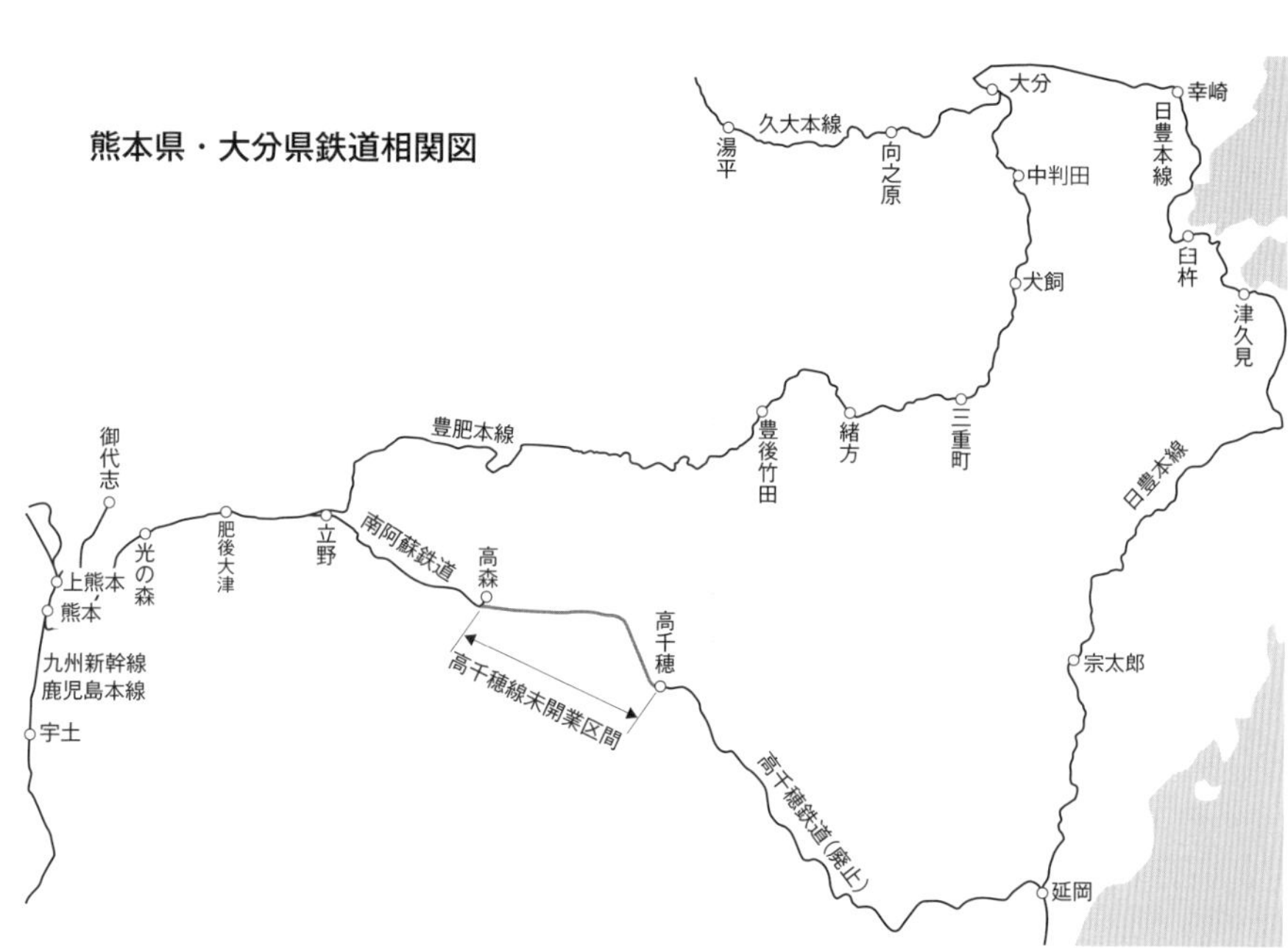

などは、平成元年から翌年にかけて国鉄清算事業団に承継され、同事業団が保有しているが、これを民間または公共団体に有償あるいは無償譲渡することになっている。高千穂線延長線では、高森トンネル付近以外はほとんど高千穂町に路盤、高架橋、トンネルなどがあり、これをどうするかが平成8年頃において、問題となっていた。

高森町側では、平成4年に南阿蘇鉄道高森駅手前の高千穂線延長線分岐点から先の高森トンネルとその外にある工作物や区分地上権を町が国鉄清算事業団から無償譲渡され、平成6年にこれを公園として開放した。

しかし、高千穂町側では、これら路盤跡を無償譲渡されても利用価値はなく、公団も土地を売却するには工作物を撤去しなくてはならない。そのため、放置されたままになっていた。

平成8年までは、高千穂線と次の項で述べる呼子線は地元に第三セクター鉄道としてもう一度再利用を働きかけていた。第三セクター鉄道ならば公団が工事を再開することができる。岡山近くの井原線（井原鉄道）や四国の宿毛線・阿佐線（土佐くろしお鉄道）、それに高規格路線となった北越北線（北越急行）や智頭線（智頭急行）などが、そうした特例で、放置された路盤、構築物等を整備して、さらに開通できる状態にする工事を再開した。

しかし、高千穂線の未開業区間は高千穂鉄道が引き受けることで

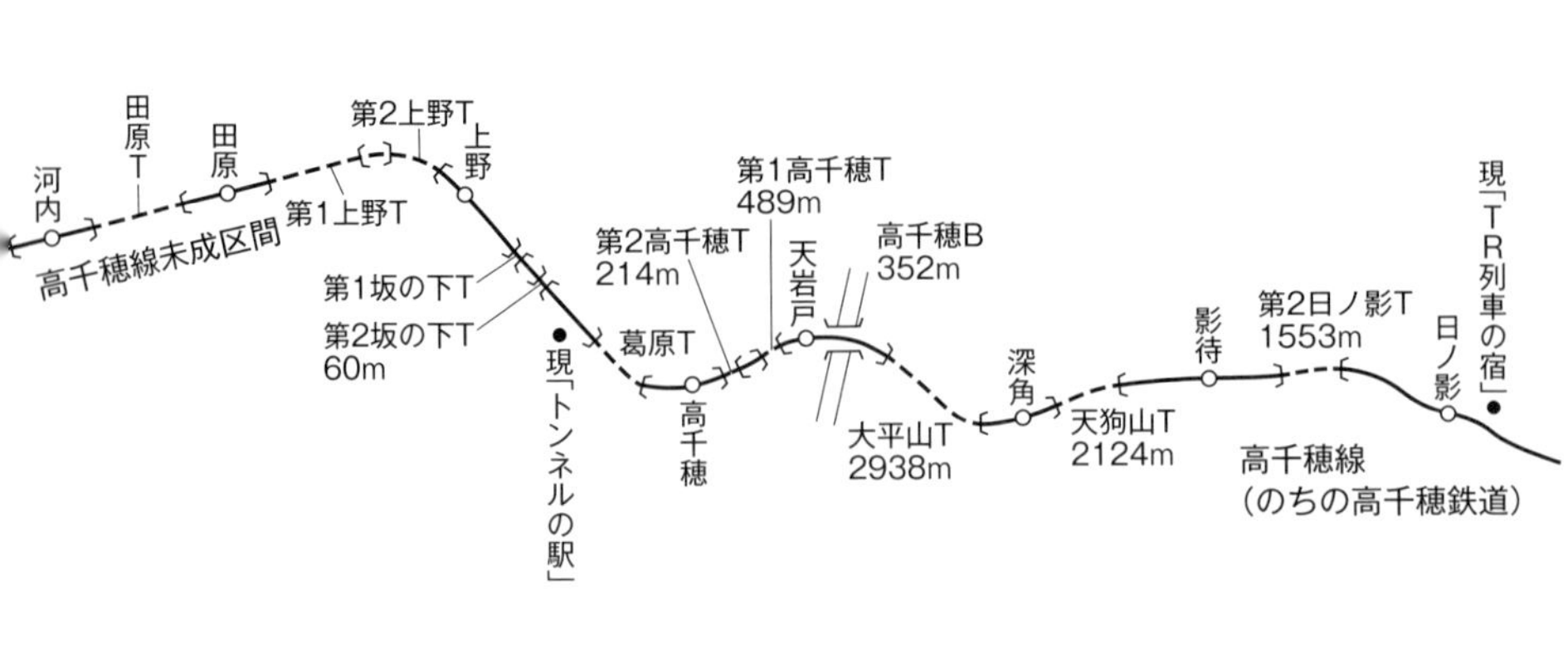

建設再開を目論んだが、高森駅は熊本県にあり、高森町は乗り気だったが、熊本県が乗り気でなかったために話がまとまらなかった。このために建設再開は断念してしまった。

平成8年に国鉄清算事業団の資産処分審議会で、第三セクター鉄道化の可能性があって工事留保のままとなり処分できなかった高千穂、呼子両線を、高架構造物を撤去する条件で、随意契約で地元に譲渡することができるようなった。

地元自治体の意向は第三セクター鉄道としないことに決まったが、まだ第三セクター鉄道に夢をつのらせている地元有力者も多い。もう一度復活を考えてもいいように思う。ただし、ただのローカル線としてではなく高規格路線として、高速列車を走らせることが前提である。

未開通区間のルート

高千穂駅を出ると国道325号を越えて右カーブし、再び325号をオーバークロスしてすぐに葛原トンネルを抜け、325号よりも短絡する。そして三たび325号をオーバークロスして第2と第1坂の下トンネル（高森駅が工事起点のため高森寄りのトンネルが第1になる）の二つのトンネルの先に上野（かみの）駅ができる。その先で短

高千穂線

未成区間は高千穂―高森（新）
廃止区間は延岡―高千穂、ただし日之影と高千穂の両駅の間の線路は残されている

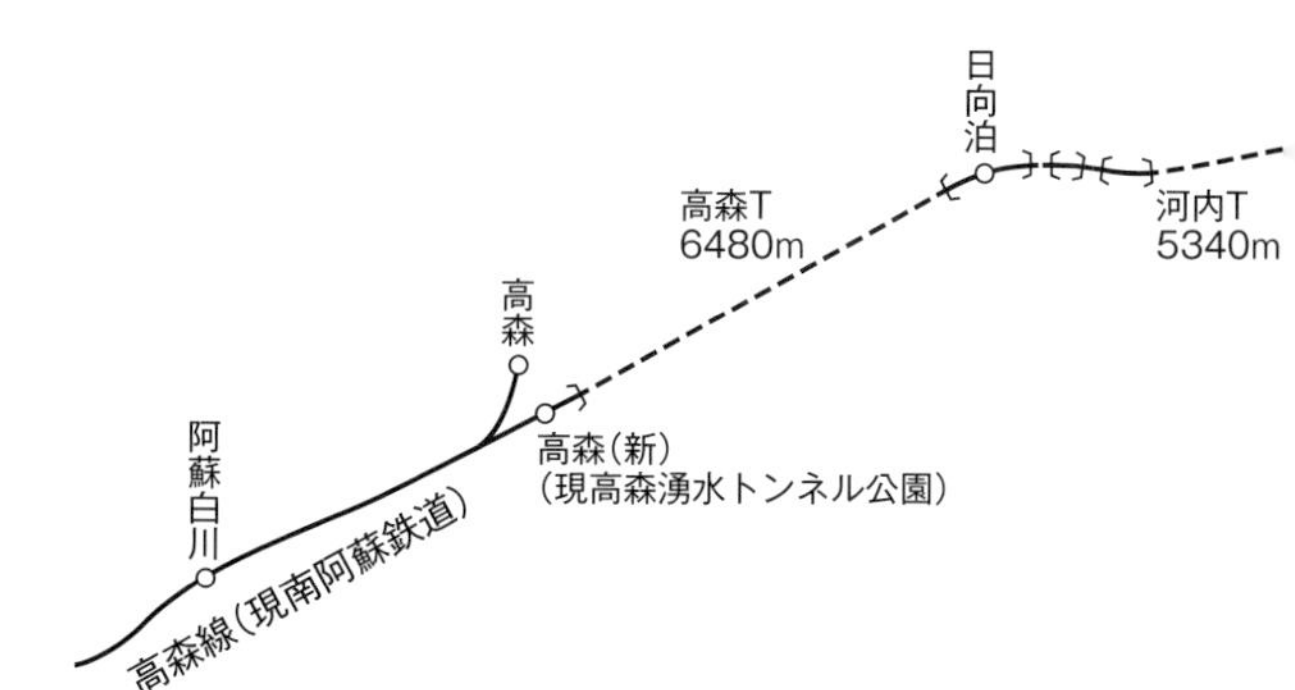

い第2と長い第1上野トンネルに入って左カーブする。出ると田原駅となる。そしてすぐに田原トンネルに入って、出ると河内駅だが、すぐまた河内トンネルに入る。このトンネルは延長5・3㎞で、途中で宮崎と熊本の県境を越える。河内トンネルを出てからも小さいトンネルを二つくぐり、しばらくすると日向泊駅となる。そしてすぐに延長6・48㎞の高森トンネルとなり、出たところの掘割区間に、移設された高森駅が設置され、その先で南阿蘇鉄道とつながる。

高千穂—上野間に半径400mのカーブと第2上野トンネル内に半径600mのカーブがある以外はほぼ直線である。進捗率は約60%で、全区間23㎞のうち、合計7㎞の明かり区間の路盤が完成している。トンネルで未完成なのは高森トンネル、河内トンネルである。

まだあきらめていない人もいる

高千穂へはずっと以前にも行ったことがあるが、そのときは高千穂駅から先の完成した構築物は見えなかった。駅を出て少し先まで歩いたが曲がりくねった小道が何カ所か延びているため断念した。駅のホームから終端のところには車庫があって、その向こうは森になっているようで、わからなかった。高千穂駅近くは延長工事はなにもしておらず、工事は高千穂駅からかなり先でやっているのだろうと思っていた。

さて、本格的に未開業の高千穂—高森間を見ることにしたが、同区間は23㎞あり、しかも山岳線なのでレンタサイクルではとても無理だからクルマしかない。筆者の自宅からマイカーで行くには1000㎞以上走らなくてはならないし、フェリーで行くのも大変である。それでここでも「レール&レンタカー」で行くことにした。

寝台特急「富士」が東京駅から直行しているが、延岡到着は12時、これではすぐに日が暮れてしまう。このため新幹線に乗り、新大阪駅から寝台特急「彗星」を利用することに決めた。

新大阪駅から宮崎行きの「彗星」に乗ると、同じ車内に延岡の少年ハンドボールチームが乗っており、賑やかなことこの上ない。全国準優勝したそうで、ひとしきり子供たちと話してから床に就いた。

翌朝、延岡駅に到着するとホームには人だかりができ、マスコミもいて、大騒ぎでハンドボールチームを迎えている。その横を通って、レンタカー事務所に向かい手続きを行い、そそくさと延岡の街を出て、高千穂線と並行する国道218号を走った。右に左に高千穂線が見えるが、高度が上がるにつれて高千穂線は国道のはるか下を走るようになっていく。列車からの景色とはまた違う眺めである。

高千穂町の市街地に行くためにバイパスから離れて旧道を走り、まずは高千穂駅に向かった。しかし、地の利にうといためになかなか駅に行けず、再びバイパスへ向かう道路に入りUターン、左折を繰り返して、高千穂町役場を過ぎてようやく高千穂駅に着いた。

まずは道路の下にある高千穂駅を眺め、その先に建設跡があるかどうか確かめたが、やはりなかった。町役場で聞いてみることにして高千穂駅をあとにする。

役場で尋ねる場合はどこでも、地域振興課といったセクションに聞くのがもっともわかりやすい。アポイントもなにもしていないが、そのセクションに行って唐突に「高千穂線の高森までの建設跡はどこにありますか」と聞いた。

少しけげんそうに、一体なんでそんなことを聞くのかというような顔をされたが、こういった施設を取材している旨を話すと地図を持ってきて親切に説明してくれた。

国道218号から325号が分岐した先に、国道と交差するための高架橋とその先にトンネルがあり、そしてそこから先はずっと国道と並行し、もう一度国道と斜めに交差して、その先の県境付近で高千穂線はいったん道路から離れること、そしてその先、左下に並行して残っているのが見えることなどを教えてくれた。

建設を復活するような考えはないかと聞くと、

「そういうことを言っている人たちは確かにいますが……」

とのことである。

それはどんな人たちですかと聞いても、明確なことは答えてくれなかった。おそらく町議会議員や地元有力者などだろうが、町や県としてはもう復活はあきらめたし、第三セクター鉄道とするにも予算がない。だから、そんな人を紹介して話を蒸し返されても困る、ということではないかと思われたので、話を変えて、熊本県側はどうなっているのかと聞いてみた。

他県のことでよくわからないらしかったが、高森町が線路用地を「シンスイ公園」として開放していることは教えてくれた。「シンスイ公園」とはなんだろう。どんな公園か聞くのもなんだから、それ以上は聞かなかったが、漢字で書くと多分「親水公園」だろうと思い、噴水のある公園にでも改造している風景を想像し、それらしい風景を探せば建設跡はわかるだろうと考えて役場を辞した。

随所に建設跡のある宮崎県側

とりあえず細い道を通って高千穂駅の裏に回った。しかし、そこは国道218号バイパスが切り通しで通っているだけで跡はなにもなかった。やはりないというのを確認して国道325号に入ると、すぐに前方に大がかりな高架橋が交差し、

高千穂駅構内

高千穂駅を出て最初の国道325号との交点。左が高千穂方

同・高架橋を間近に見る

丘の上にある民家から見た同・高架橋

右側の山にはトンネル（葛原トンネル）があるのを認めた。

高架橋は左側にも延びており、途中で切れている。その先、つまり高千穂駅側は丘にさえぎられて見えない。丘のほうへ向かっている小道があったので入って行くと、民家への道だった。どうなっているのか確認したいので、その家のおじいさんに声を掛け、庭に入らせてもらう。

しかし、そこは森だけで構築物はなにも見当たらない。おじいさんによれば、高千穂線はその森を左にカーブして、遠くに見えるスポーツ公園を横切って高千穂駅につながる計画だったが、この間はなにも造っていない、ということだった。

おそらく218号バイパスやスポーツ公園（高千穂町総合スポーツ公園）の建設計画があって、この間の建設を後まわしにしたのだろう。しかし、この区間が完成していれば高千穂から先も列車は走っていたかもしれない。今となってはこの区間を建設するには結構な工事になるだろうから、復活するといってもその資金をどうするかが問題となろう。役場の人があまりいい顔をしなかったのもうなずける。

民家の入口でやかましく吠える犬を横目に再び国道325号に入り、高架橋を通り過ぎて右カーブすると、右

葛原トンネルの高千穂側坑口

完成して時間が経っているので路盤上に木が生えている

のちに「トンネルの駅」が置かれることになる第2坂の下トンネル手前

側に葛原トンネルを抜けてきた建設跡が並行するようになった。盛土と高架橋があり、線路さえ敷けば走れる状態である。しかし、ところどころにまだ完成していない場所がある。また、路盤の真ん中に木が生えている場所もある。工事凍結から17年も経っているのが実感できる木である。

そうこうしていると左側に橋脚が1本、さらにそのずっと向こうに高架橋があるのが見えてきた。ここで国道と交差するのだが、桁までは造られずに凍結されてしまったのである。遠くに一部完成している高架橋の先にはトンネルがある。そこまでは途切れているが、そこが高千穂から最初の駅となる上野駅である。

高架橋の先にあるトンネルに向かうために国道と分かれた。トンネル坑口には第2上野トンネルの銘板があった。電化可能な「特1号型」、「着手昭和50年1月24日、しゅん功昭和54年3月23日」とあり、工事中止の方向が打ち出されているなかの完成である。正式に凍結が決定されるまでは工事が中止できず予算を消化していたのは、なんともったいないことをしたのであろう。

県境付近は道路も不便

このトンネルをあとに再び国道に戻ったが、急に道が細く曲がりくねるようになってきた。さらに狭くカーブがきつくなってきて、スピードを出すどころか対向車とのすれ違いが心配になる。こんな状態だったら高森までの新線ができていれば便利だったろうとも思うが、対向車がほとんどないということは、人の行き来もあまりないのだから、新線も利用されなかったはずである。役場では、このあたり左下（南側）に新線建設跡が見えるとのことだったが、運転操作のほうが大事でよくわからない。高森のほうを先に見たいから、帰りに見ればいいことにして、停まってみることはしなかった。

そうこうしているうちに宮崎と熊本の県境となる。このあたりが一番道路が狭く曲がっているところである。鉄道もそうだが道路も県境の改良や建設が一番後まわしになる。高千穂延長線が第三セクター鉄道にしてでも開通しなかったのはそう

第1坂の下トンネルを出たところにある高架橋

国道325号を斜めに交差して、高森に向かって左に線路は移る

高千穂寄りから上野駅予定地を見る。高架線がない部分に上野駅を設置する予定で、同駅は完成しなかった

同・高架線の先に橋脚が1本完成している

上野駅の高千穂寄りの高架橋、その向こうに第2上野トンネルがある

第2上野トンネルから高千穂方に延びている高架橋を見る

同・高架橋の先の上野駅設置空間を見る

第1上野トンネル高森側坑口

田原駅付近の高架橋

いうことであるし、人や物の往来も県境では少ないのである。

だが、道路はところどころ改良工事をしている。いずれ走りやすくはなるだろう。鉄道建設よりも資金を潤沢に使えるのである。といっても、景気回復を錦の御旗に公共投資として道路に金を使うこともそろそろ限界にきている。延岡―高森間の国道も、これから先も改良工事を行い続けることができるかどうかは疑問である。

熊本県に入りしばらく走ると国道は広がり、急カーブも少なくなる。しかし、通行量はそれほどない。さらに進むとあたりは森から草原に変わっている。阿蘇山の近くに来たことがわかるが、建設跡はまったくわからない。あとで調べるとトンネルで抜ける予定であり、建設されてもいなかったのである。

途中に日向泊駅があり、その部分の用地は確保されているのを、帰ってきてから知ったが、それは改良されたほうではなく旧道沿いだったので気づかなかった。よしんば知っていても、建設跡をいろいろと探索した経験からみて、明確にわかるというものではないだろう。

もうそろそろ高森の街の近くだろうと思われたときに、前方がT字路となったので右折した。高森という標識はなかったが、右が熊本となっているから、そちらだろうと判断した。その先に国道の高森トンネルがあったから間違いないと思ったが、それでも不安である。道路標識も不親切なもので、なぜ高森市街と表示しないのか疑問である。

高森トンネルを抜けるとバイパスと高森市街地への分岐案内標識があったから、胸をなでおろし、左側の市街地への旧道に向かった。市街地に入りつつあるところでまた左に分かれる下り坂があり、どうするか迷ったあげく左に曲がった。このあたりは道路標識が少なすぎる。

坂道を下り、道なりに右にカーブすると南阿蘇鉄道と交差する踏切があり、それを渡って突き当たりのT字路を右折、もう高森駅がどこにあるかは雰囲気でわかるようになった。何度もクルマで駅や線路探しをした経験のたまものである。

熊本県側でも復活希望の声はある

高森駅前の無料駐車場にクルマを停め、とりあえず駅に向かう。右側にC12形241号機や腕木式信号機が展示され、左側が駅である。おりからディーゼル機に両側を挟まれた貨車改造のトロッコ風(ふう)列車が到着していた。トロッコ列車と書かずにトロッコ風としたのは、トロッコというのは簡易軌道の貨車・客車のことであり、南阿蘇鉄道のものは国鉄の無蓋貨車を改造して座席や屋根を設けたもので、どう考えてもトロッコではないからである。これは不当表示で公正取引委員会から勧告を受けるべきものといえるが、別に害があるわけでもないから、これを批判するのはこれだけに留めておく。

トロッコ風列車「ゆうすげ」号は、入れ換えのために前方へ進んだ。先には機回線を兼ねた引上線があり、そこまで進んだ。おそらく高千穂延長線はこの引上線へつながるのだろうと思い、そこまで行こうとしたが、途中に南阿蘇鉄道の本社があったので、とりあえず本社にアポなし突撃取材を敢行した。

国道の展望台から高森地区を見る。中央部から右にカーブして右下に進むのが南阿蘇鉄道。まっすぐ手前に進んだところの空き地に高森駅を移設するつもりだった

しかし、本社内はシーンとしていてだれもいない様子だった。ようやく1人の職員が奥から出てきたので、取材の要旨を伝えると、そういったことを話せる人は駅にいるとのことであった。

再び駅に引き返し、事務所でその職員に話を聞いた。

「高森側の建設跡はありますか?」

「はっきりとあります。現在はシンスイ公園になっています」

「それはどこにありますか?」

「駅の手前にあるけれども、少しわかりにくいからこの観光案内地図を見てください」

と地図を手渡された。見ると、先ほど渡った踏切のところにあるではないか。しかし、それには気づかなかった。

「復活はありえますか?」

「そういうことを言っている人はいます」

と、ここでも高千穂町役場の職員と同じニュアンスの答えであった。宮崎、熊本にまたがる大物がそういったことを唱えているのかは不明だが、とにかく復活を夢見ている人が結構いるということである。

「呼子へは行かれましたか」

「明日行く予定です」

南阿蘇鉄道の高森駅

トロッコ風列車「ゆうすげ」号

高森駅前にはＣ12　241号機が保存展示されている

「呼子線くらいできあがっていればなんとかなったかもしれないけれども、こちらは半分くらいしかできていないから、これから開業するには相当な費用と時間が必要でしょう。しかし、開通すれば、うち（南阿蘇鉄道）も高千穂鉄道も活性化されるのも確かでしょう。シンスイ公園は、そういうこともあってあまり手を加えていません」

ますますシンスイ公園がどのようなものか興味がわいてきた。

昼間だけ照明する「親水公園」

駅をあとにして「シンスイ公園」に向かう。

さっき通った踏切をもう一度渡ると、左側に地面剝き出しで柵に囲まれた空き地があった。「親水公園駐車場」と書いてある。やはり「シンスイ」とは想像したとおり「親水」と書くのはわかった。しかし、噴水などはなかった。続いて「照明は午前9時から午後5時までなので、他の時間は立ち入らないでください」とある。昼間に照明をするとはおかしいではないかと思いながら、クルマに乗ったまま中に入ると、緩やかな下り勾配となり、その先は掘割になっていた。その向こうに単線の鉄道トンネルの坑口が見える。

踏切のところで南阿蘇鉄道は左に大きくカーブして高森駅に行っているが、高千穂延長線はカーブせずにまっすぐ進んで、この掘割に高森新駅ができるということであった。

クルマを降りてトンネル坑口へ歩こうとしたが、結構遠い。坑口の上には公園事務所のような建物があり、クルマが駐車している。ということはクルマで行けるということだから、先ほどの踏切の道へ戻ったが、入る道がわからず、結局もとの駐車場にクルマを置いて歩くことにした。

クルマを停めて後ろを振り返ると、「親水公園」の看板の裏に「白川水系高森源流湧水」の文字がある。そして掘割は大半が池になっていて、鯉や山女（やまめ）が泳いでいた。川釣りをよくやっているから、山女をこんなところに放すとストレスが溜ま

公園入口から見た親水公園

立野方から、奥の高森トンネル坑口を見る。手前の掘割が(新)高森駅用地

高森トンネル坑口

り死んでしまうことは知っていた。そのとおり、近づくと山女は猛スピードで逃げていった。そして、隠れ場所として沈められているU字溝の中に隠れていく。「それなりのことはしているな」と感心しながら歩く。鯉のほうは人影を気にせず悠然と泳いでいる。鯉は鈍感なのである。

やっと坑口に到着し、坑口の横に銘板があるのを認めた。「高森ずい道、特1号型、延長2K005M、設計日本鉄道建設公団下関支社、建設前田建設工業株式会社、着手昭和48年12月5日、しゅん功昭和52年1月31日」とある。だが、高森トンネルは延長6・48㎞のはずである。貫通しておらず、湧水地点まで法面（のりめん）を化粧して竣工したということのようである。

トンネル内は柵がなく、点々と照明されており、季節が七夕のときだったので七夕飾りが奥までずっと並んでいる。先ほどの照明というのはこのトンネルの照明だったのである。中へ入るとちょうどレールの幅が溝になっていて、湧水が勢いよく流れている。

それを見ながらどんどん歩いて行ったが、なんの変化もない。湧水地点は2㎞ほど奥だから、往復するのも大変なので引き返した。トンネルを出たところで小学生が遊んでいたので、「トンネルの奥はずっとこんな感じなの？」と聞くと「そう」という返事であった。

坑口の真上にある建物は、やはり親水公園の事務所であり、「湧水館」と称していろいろな展示品が並べてあった。そこには高森町の観光や産業展示物とともに、高森トンネルのジオラマや出水事故当時の新聞のコピー、年譜が陳列されていた。

再び宮崎県側へ

一読後、再び高千穂のほうへ帰ることにした。途中、展望台に立ち寄ると、親水公園や高森駅が一望でき、位置関係がよくわかった。

ここでは神戸ナンバーの二輪車に乗っているライダーが近寄ってきて「あれが阿蘇山ですか」と右側の山を指して聞いて

坑口から南阿蘇鉄道の立野方を見る

高森トンネル内から坑口を見る

湧水館から見た（新）高森駅の掘割

きた。確かに見覚えのある山並みだから阿蘇の高岳だろうとは思ったが、こちらも地元でないから「多分そうでしょう」と答えた。宮崎ナンバーのくせに知らないのかというようなけげんそうな顔だったので、「これはレンタカーやから。私も地元やないのでようわからんのですわ」と弁明した。

ともあれ、再び宮崎県に入り、役場の人に教えてもらった未確認の建設跡を探した。逆方向で車線も反対側だったから、今度はすぐにわかった。位置的には県境の近くで、結構完成している。総体的にみて、高千穂から、途切れたところはあるものの県境まではほぼ完成していたとみていい。高森トンネルは約6㎞のうち2㎞程度しか貫通していないが、その他はだいぶできているのである。

工事を再開してもそれほど費用をかけずに開通できる、というのが結論である。

1995年当時の私見　高規格路線なら利用価値は大

役立つ鉄道になるためには、熊本あるいは博多から、延岡あるいは宮崎までを短時間に結ぶ都市間列車を走らせることが必要であり、今まで考えられていたようなローカル列車主体で走らせていてはなんの役にも立たない。これは高千穂鉄道、南阿蘇鉄道にもいえることで、将来とも存続させるにはこのような都市間列車が必要である。

しかも高千穂鉄道も南阿蘇鉄道も行き止まり路線である。これではあまり役に立たないし、観光客は同じルートの往復よりも、片道利用で抜けるほうを好む。このほうが観光コースになるのである。

どうすれば役立つかを考えてみる。延岡から熊本に行くには、大分駅で乗り換えて豊肥本線を利用することになる。しかし、大分駅での接続が悪く、待ち時間が最大で1時間近くもあるため5時間以上かかる。これでは利用する気にはならない。延岡あるいは宮崎と熊本の間を往来する人はそんなに多くないとはいえ、こんなに時間がかかっていては高速道路などに流れてしまう。

また、新形振り子特急車両883系を使う「ソニックにちりん」は大分以南を走らないから、延岡駅から小倉駅までも4時間かかる。よしんば「ソニックにちりん」が走ったとしても線形が悪く、それほどスピードアップにはならない。

延岡は小さいながらも工業都市である。本社が東京や大阪にある工場が多い。東京や大阪へは平成8年に開通した宮崎空港線を利用して宮崎空港から一気に航空機で行ける。だが、関係が深い工場は広島や岡山などにも多い。それらの山陽新幹線沿線各都市に行くには、やはり日豊本線利用しかない。

高千穂延長線を使って博多駅から新幹線を利用できるようにするとどうだろう。相当に短縮されれば延長線の存在意義が出てくる。さらに九州新幹線ができれば熊本駅で乗り継ぎができるようになる。

新潟の六日町—犀潟（さいがた）間を走る北越急行のように高速化すればいいのである。北越急行は高千穂新線と同じ鉄道建設公団の地方幹線である「B線」だったが、北陸新幹線の建設費用圧縮のために上越新幹線と北陸本線（正確には信越本線）を短絡する高規格路線として建設が復活した。これと同様な路線とすればいいのである。

とはいえ、本当にそんな路線となるであろうか、試算してみよう。

高千穂鉄道の延岡—高千穂間は50・0km、そこを快速「たかちほ」が最速1時間12分で走っている。表定速度は41・7kmである。昭和47年に開通した新線区間である日之影温泉（旧・日ノ影）—高千穂間の所要時間は、勾配を登る下り快速が18分、表定速度41・3kmだが、上り快速は坂を降りるので13分、表定速度57・2kmと速くなる。

高千穂—高森間23kmは大部分をトンネルで抜けるので線形がよく、快速運転によって表定速度46kmで走ったとすると23分、南阿蘇鉄道には快速はないが、ノンストップ運転だとすると20分で走れる。延岡—立野間は1時間50分ほどで、延岡—熊本間では2時間20分となる。2時間40分もの短縮で、これで宮崎—熊本間も同じ時間だけ短縮される。とはいえ大分経由でも接続をよくすれば1時間短縮できるから、結局1時間40分の短縮となる。それでも1時間40分もの短縮は大きい。

この都市間列車を熊本駅から鹿児島本線に乗り入れて博多まで走らせて、新幹線連絡列車とするとどうだろうか。高千穂鉄道の車両は新潟鉄工製の軽快気動車だが、エンジンは出力250PS1基だけである。鹿児島本線を走らせるとしても電車特急並みとはいかないから、電車特急が1時間15分ほどで走っているところを30分程度遅い1時間45分くらいかかるだろう。延岡―博多間は4時間程度となる。「にちりん」は5時間程度で走っているから、これでも1時間程度の短縮になる。しかし、新幹線連絡列車にするには力不足で、小倉経由のほうが速い。

この試算は高千穂鉄道の軽快気動車を使った場合である。非常に速い気動車には智頭急行の振り子式特急車HOT7000系がある。最高速度130kmで、カーブを通常よりも20~35km速く走ることができる。さらにJR北海道が、札幌―釧路間を従来よりも45分短縮する新形振り子気動車キハ283系を走らせている。283系はカーブ通過速度を智頭急行よりもさらに速くしている。表定速度は線形がよい札幌―帯広間で100kmにもなる。これは石勝線というやはり鉄道建設公団のB線なので線形がよくて最高速度130kmを出せるためだが、日之影温泉―高森間はこれに相当する、高規格線化で160km運転が可能なので、この区間では10分は短縮する。

線形が悪いその他の区間でも表定速度90km程度は出せるだろう。延岡―熊本間は1時間10分程度の所要時間となる。つまり、さらに1時間10分短縮される。そして鹿児島本線内は特急「つばめ」よりやや速い1時間10分で走れるから、延岡―博多間は2時間15分程度で結ばれる。

これなら新幹線連絡列車として機能する。もっとも、日豊本線でもさらに高速で走れる新形振り子電車が登場すれば、もっと短縮されることになるが、小倉―大分間は線形改良されて表定速度95kmに向上しているが、宗太郎峠という山越えのために、非常に線形の悪い大分以南は改良したとしてもそれほど速くならない。小倉―延岡間は表定速度90km程度の2時間50分となる。高千穂延長線を走るほうが有利である。

将来のスピードアップを考慮すると、高千穂延長線を造るよりも、日豊本線を改良したほうが安いが、延岡・宮崎―博多・熊本間という都市間列車としては日豊本線よりも有利であり、35分の差も大きい。この区間をどれだけの人が利用するかで復活もありうる。今後博多駅から熊本駅まで新幹線が延長されるので、新幹線接続列車は、日豊本線経由よりは速くなる。さらに宮崎―熊本間をミニ新幹線化すれば便利である。

ローカル線としてではなく、高規格路線としてもう一度復活するかを検討してもいいはずである。

再び高千穂延伸線跡を訪れる

平成8年に中央書院から刊行した『幻の鉄路を追う』はPHP研究所によって平成15年に『幻の鉄道路線を追う』という表題に変更して文庫化した。その前の平成13年に高千穂線延伸線の再調査をした。このときは前日に、錦川鉄道錦町から延びていた岩日線の未完成区間、翌日に次項で紹介する呼子線の再調査もした。

広島に一泊後、「ひかり」で広島駅から小倉駅に向かった。例の「レール&レンタカー」は「のぞみ」の利用ができない。利用してもいいが、「のぞみ」の特急料金は割引にならないのである。

現在でもそうなっている。65歳以上になると入会できるジパングクラブでもいまだに「のぞみ」に加えて「みずほ」の料金の割引もない。「ひかり」あるいは「さくら」「こだま」に乗るしかない。ただし運賃は3割引で利用できる。「レール&レンタカー」でも「のぞみ」「みずほ」の料金の割引はない。東海道新幹線の「ひかり」の運転本数は基本的に1時間に2本、山陽新幹線では「ひかり」の運転本数は少なく、「さくら」も1時間に1本程度である。そろそろ、「のぞみ」「みずほ」に乗っても料金割引をしてほしいものである。外国人用の「ジャパン・レール・パス」も同様だったが、現在はそれらが利用できる値段を高めにしたパスを発売するようになった。

ともあれ、小倉駅からは783系ハイパーサルーンによる「にちりん」に乗車した。日豊本線の線路状況を見るために先頭に連結されているグリーン車に乗った。しかも運転席後部の助士席側にある1人掛けシートを確保した。ハイパーサルーンは振り子車両ではないけれどそれなりに速い。

小倉駅を出ると小倉工場があり、そこにフリーゲージトレインの1次車が置かれているのを見た。実用化に期待したが、3次車まで開発して、その3次車の車軸に亀裂が入って実用化を断念した。残念なことである。

それはそれとして大分駅までは快調に飛ばしたが、大分を出るとゆっくり走るようになった。このころは佐伯駅まで高速化工事中で、その後、それなりに速くなるが、利用したときは、まだ各所で速度制限を受けた。そして大分と宮崎県の県境にある宗太郎峠越えによる急勾配、急カーブで極端に遅く走りはじめた。トンネルで貫通する高速のバイパス線、すなわち狭軌新幹線がほしいところである。

延岡駅に到着したが、小倉駅から3時間41分もかかっている。表定速度は69・6㎞と遅い。大分駅までは1時間32分、表定速度86・7㎞だから、大分以南で非常に遅く走っているということである。また、振り子式の「ソニック885系」は小倉—大分間を1時間18分、表定速度102・2㎞と、100㎞を超えるスピードで走る。在来線も捨てたものではない。

翌日、延岡で再びレンタカーを借りて9時前に出発した。借りたレンタカーにはカーナビが付いていた。初めてのカーナビ利用である。しかし、クルマが曲がるごとに地図がクルクルと回る。常に進行方向を上にするからである。これでは東西南北の方向がわからない。そこでクルマを停めてカーナビのマニュアルを見ると北固定できると書いてあったので、さっそく北固定にした。これで頭の中に入っている地図と同じ表示になって位置と方向が把握できる。

そして目的地を高千穂駅にして入力、同駅に到着後、国道218号から325号に出ると、高くそびえ建っていた高架橋はなくなっている。この前の取材のとき吠え続けていた犬は健在でも、そこから見た高架橋もない。しかし、その先の葛原トンネルの坑口は見えた。

国道をしばらく進んで葛原トンネルの反対側に行くと「トンネルの駅」という看板が見えた。立派な高架橋はすべて撤去されたものの葛原トンネルは焼酎貯蔵庫として再活用され、「トンネルの駅」と称した道の駅になっていた。高架と盛土の路盤は遊歩道になり、C58形115号の動輪が置かれている。焼酎蔵になった葛原トンネルは入れるが、高森寄りの長さ60mの第2坂の下トンネルはコンクリートで蓋がされて入れなくなっている。

その先の第1坂の下トンネルもそうで、上野駅のための高架橋はきれいに撤去され、高森寄りの各トンネルも入れないようにコンクリートで蓋をされている。しかし、よく見ると国道325号沿いの右手の第2上野トンネルのたもとに一つの橋台

国道から見た「トンネルの駅」

「トンネルの駅」から葛原トンネルを見る

葛原トンネルは、焼酎の貯蔵庫に利用されている

「トンネルの駅」全景

「トンネルの駅」から第2坂の下トンネルを見る

完成した路盤を整備して、蒸気機関車の動輪と碑文などが置かれている

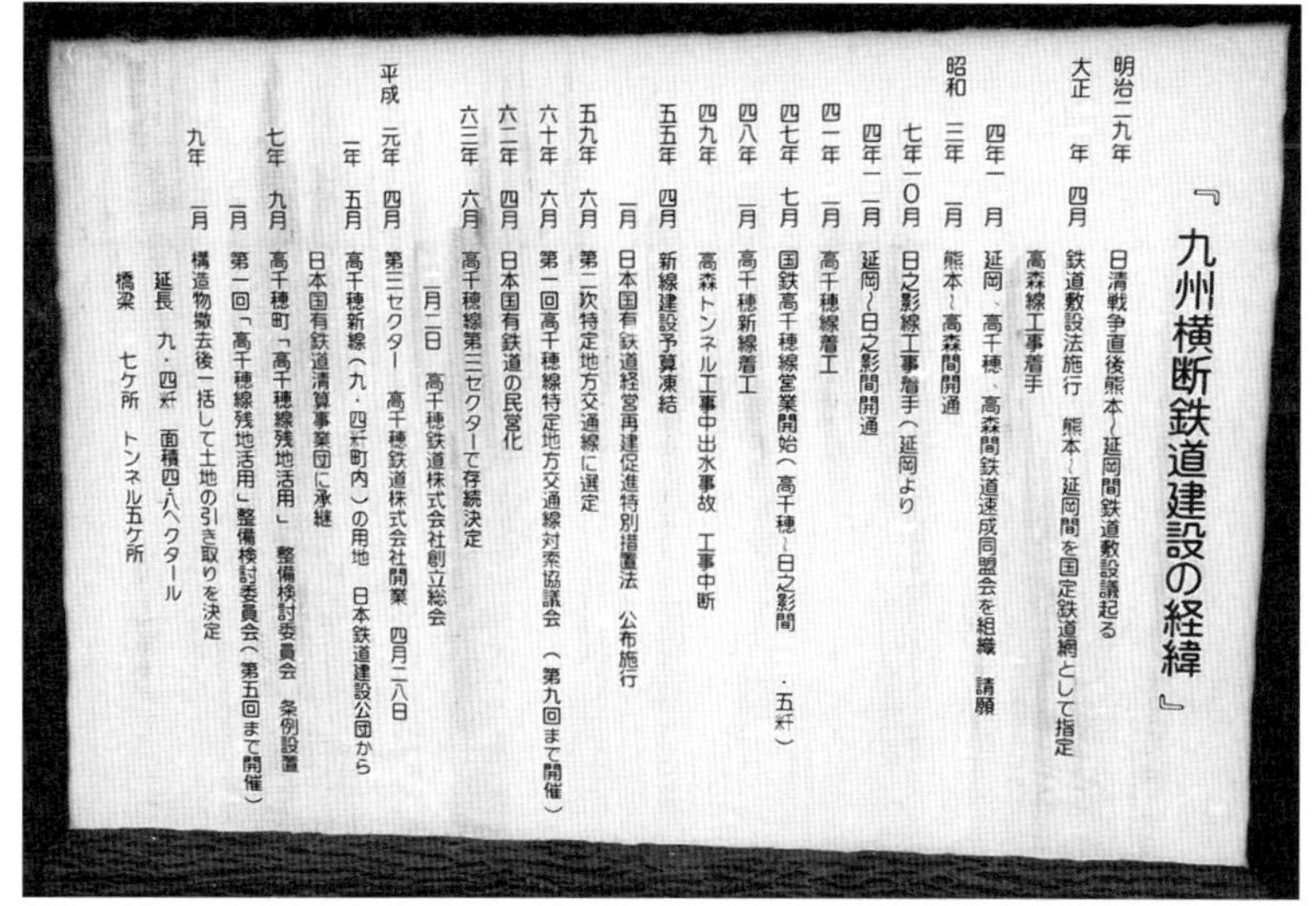

九州横断鉄道の経緯が書かれた碑文

動輪の土台に埋め込まれた記念碑文

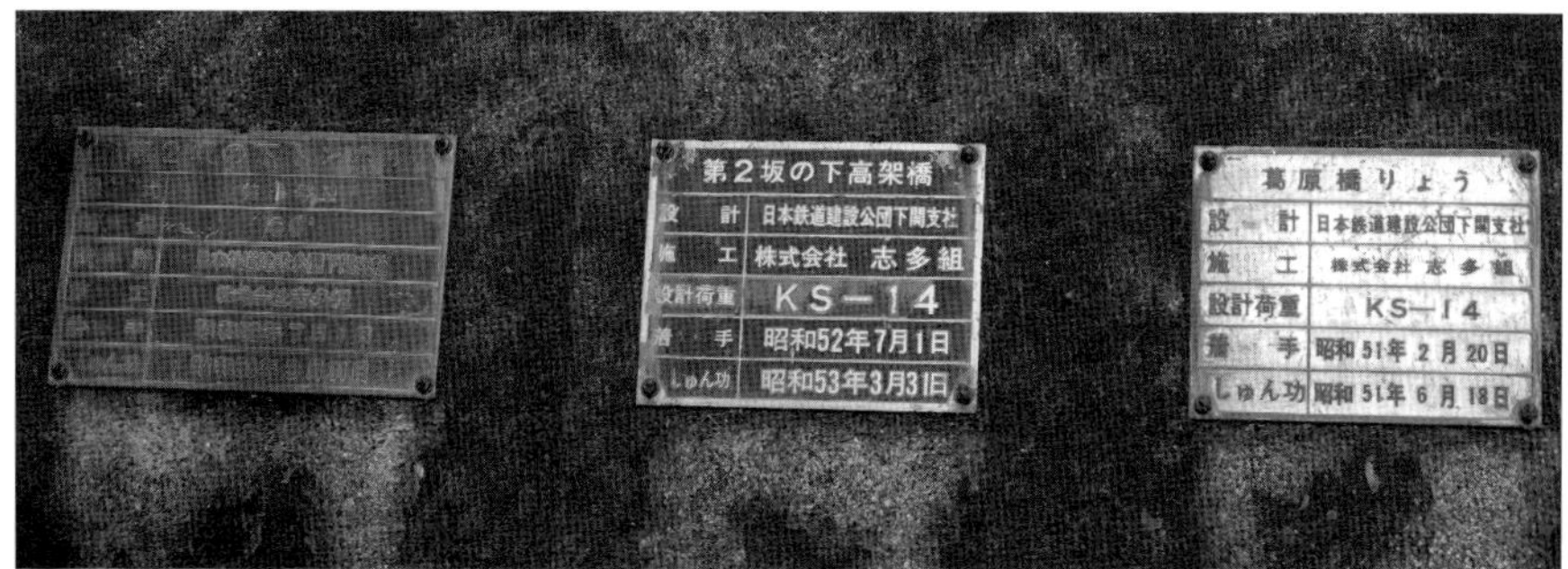

近くの高架橋などにはめ込まれていた銘板は破棄せずに「トンネルの駅」に掲げられている

だけが丘にへばりついて立っているのを認めた。これを撤去すると法面（のりめん）が崩れる恐れがあるために撤去しなかったようである。

高千穂延長線は、国道325号を斜めに横切って左手に上野駅のための高架橋脚があったが、これもきれいに撤去されてしまっている。この先の第1上野トンネルは健在だが、コンクリートで蓋をされたままになっている。同トンネルの向こうの田原駅予定地の橋台は残されていた。

そして国道325号で高森に向けて走ったが、前回に比べると少しは整備されて道幅が広くなった個所が増えていた。熊本県に入るあたりではループによるバイパスが完成し、高森駅への表示板も新しく置かれていた。高森駅や親水公園は以前と変わりがなかった。

大きく対応が分かれた高千穂鉄道の廃止と南阿蘇鉄道の復旧

平成17（2005）年9月に襲った台風14号によって高千穂鉄道は甚大な被害をこうむり全線運休となった。高千穂寄りは鉄道建設公団が建設して風水害に対して比較的強かったが、延岡寄りにある第4五ヶ瀬川橋梁と第5五ヶ瀬川橋梁が流されしまった。

これら橋梁を復旧するには莫大な費用が必要になる。宮崎県としては復旧予算がないために民間企業に資金提供を求めたりして、とりあえず被害が少ない高千穂寄りを開通させようとしたが、全線復旧しないと乗客の利用はほとんど望めないとして、各種の方策を探ったが、宮崎県の鉄道に対する愛着がなく、平成21年に高千穂鉄道は解散して結局廃止となった。

一方、南阿蘇鉄道は平成28（2016）年4月に発生した熊本地震によって立野駅近くの第1白川橋梁が崩落、廃止の危機に面したが、被害がなかった中松—高森間で運転を再開、莫大な復旧費用がかかる立野—中松間は地元の熱意によって、第1白川橋梁の再架橋工事などを行いつつ、国を動かして復旧予算の目途を付けた。

令和5年3月に国土交通省は「鉄道事業再構築計画」のモデル線として認定して4月に南阿蘇鉄道管理機構を設立、同機

上野駅前後の橋脚は撤去された

コンクリートで蓋をされたままの第２上野トンネル

その下の橋台は残されている

田原駅近くの橋台も残されている

構が第3種鉄道事業者になって鉄道線路を保有、それまで第1種鉄道事業者だった南阿蘇鉄道が第2種鉄道事業者となって運行する「上下分離運営」に移行した。そして7月に全線運転再開となった。

鉄道に対する、世の中の評価が時代とともに変化してきたこともあるが、熊本県は地元の熱意に押されて南蘇鉄道を応援して全線復旧をしたが、宮崎県は高千穂鉄道を見捨てる形となった。

ただ、高千穂側の地元も黙っていたわけではない。将来は全線復旧を目指すことを前提に「高千穂あまてらす鉄道」を設立して、とりあえずは残されている高千穂橋梁と高千穂駅の間を手作りのトロッコ内燃車によって走らせている。しかし、全線復旧の動きはまったくといっていいほどない。宮崎県自体が動かないからである。

高千穂鉄道の被災地点をチェック

『全国鉄道事情大研究』のシリーズの『九州篇』（草思社刊）の最初の取材で平成16（2004）年の秋に高千穂鉄道を三度訪れた。このときは高千穂鉄道の延岡─日向岡元間を往復して、新しく登場したTR400形「トロッコ神楽」号に復路で乗車しただけだった。

九州篇は結局2冊に分けて、高千穂鉄道と南阿蘇鉄道は『全国鉄道事情大研究・九州篇②』で取り上げたが、平成19年3月の刊行になってしまい、

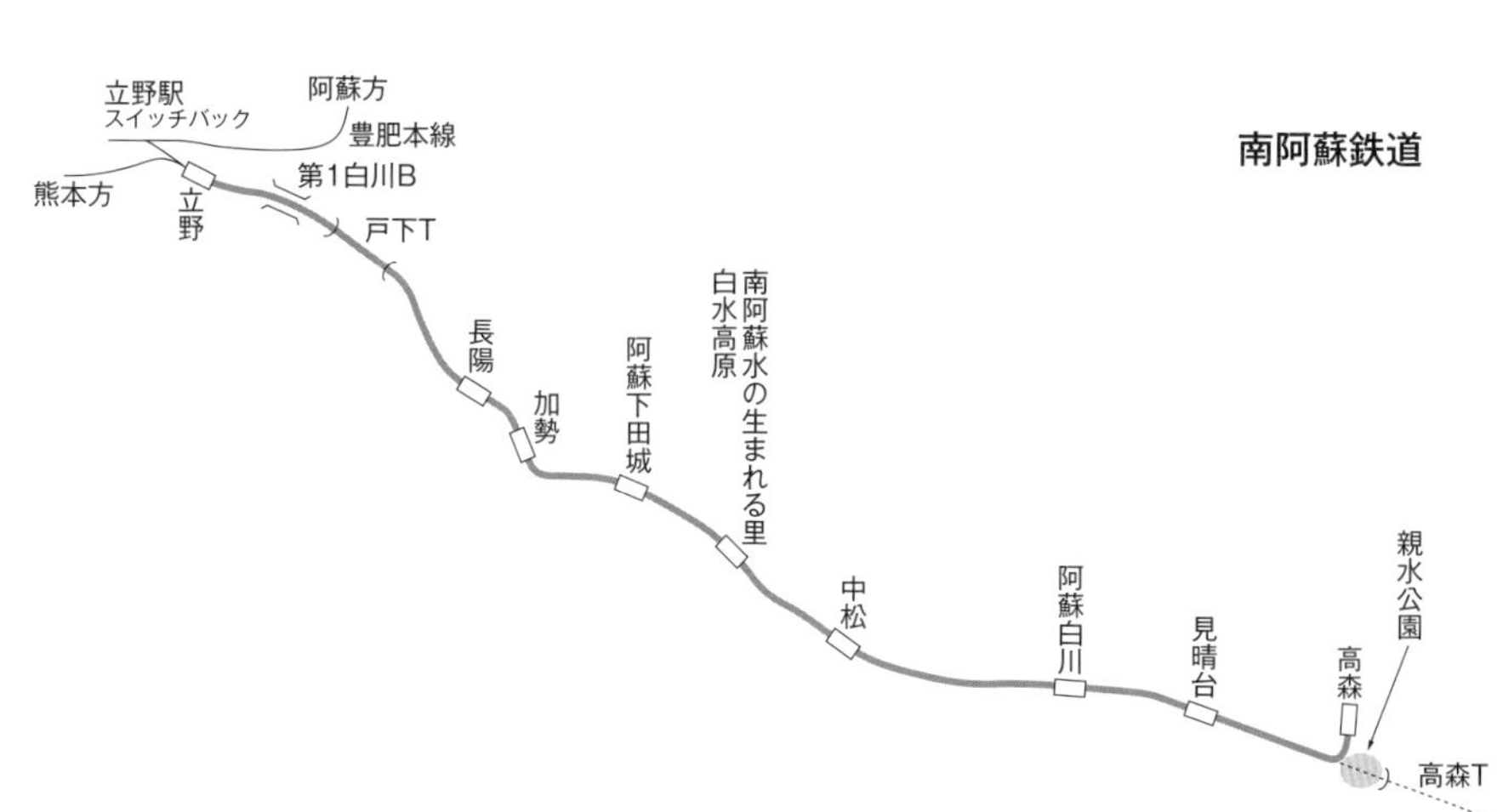

すでに高千穂鉄道は休止されたまま、後ろ向きな意見が強い状況で復活の議論は、ただただ時間だけが過ぎる空論ばかりだった。高千穂トロッコ鉄道として取り上げた。

そこでまたまた、延岡駅でレンタカーを借りて、流された第4、第5の五ヶ瀬川橋梁、車両がむなしく置かれている高千穂駅を見てから、くま川鉄道湯前駅に向かった。高千穂駅から湯前駅までは細い道の山岳道路を通ることになる。さらにこのときは台風の接近で雨が降って見通しが悪い。後で考えると非常に無茶なことをしたものである。こんなに時間がかかるのなら、海岸に戻って宮崎自動車道を走ったほうが速かったと反省した。

平成25（2013）年に講談社から出した『図説日本の鉄道 四国・九州ライン・第6巻熊本・大分エリア編』の取材で再び高千穂と高森駅を訪問した。

このときは高千穂駅から高千穂橋梁まで手作りトロッコの「スーパーカーゴ」に乗車した。運転士を除いて9人乗り、40分ごとの運転なので、輸送力がない。このため朝、申し込んでも午後1時の乗車となった。高千穂駅にはロングシートのTR101号とセミクロスシートのTR202号が保存されている。TR202号は走行可能で体験乗車や体験運転ができる。

なお、平成29年からは30人乗りの客車2両を牽引する「スーパー

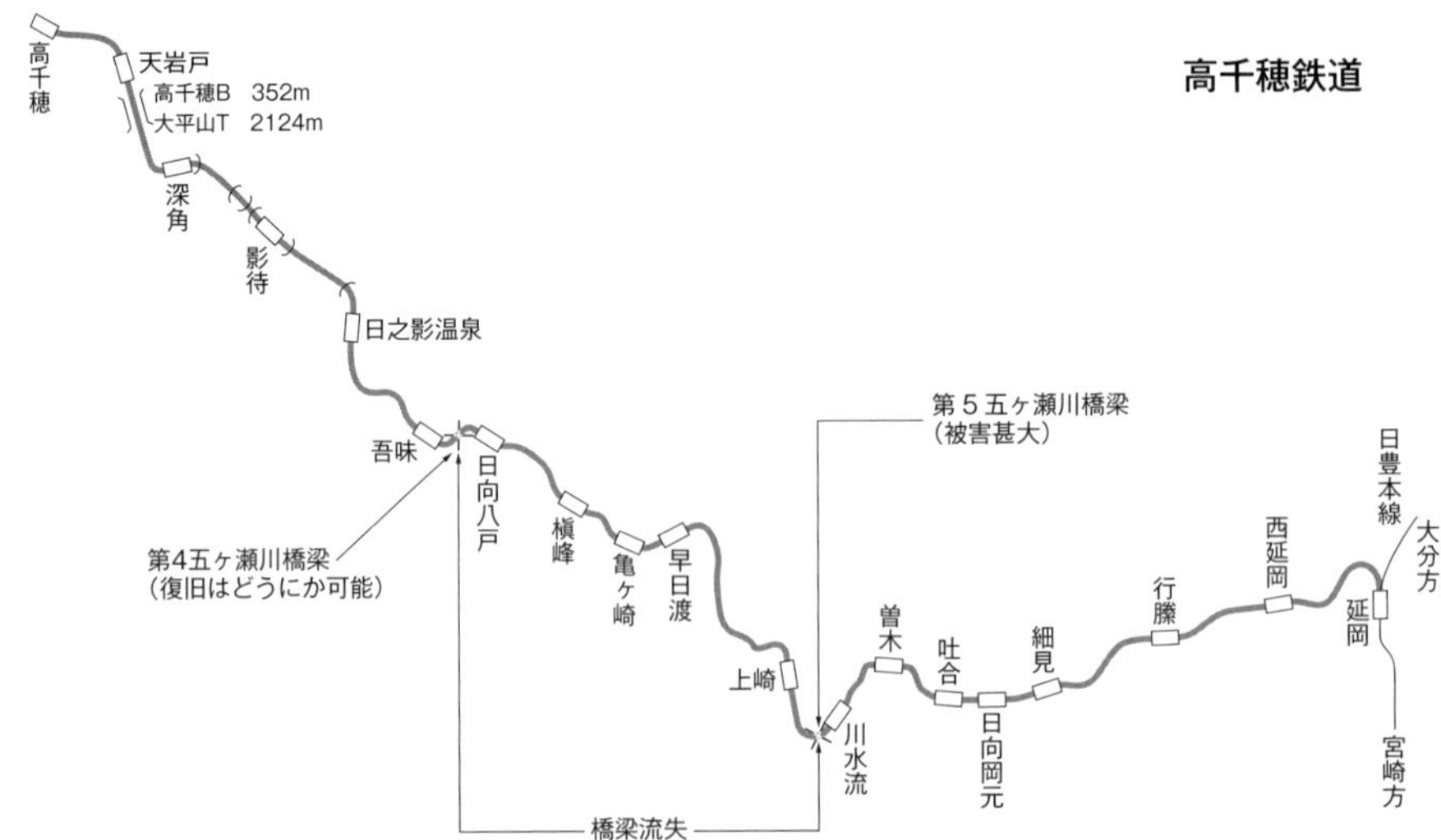

完全に橋桁が流された第５五ヶ瀬川橋梁

「トンネルの駅」に、廃止された高千穂鉄道の観光用車両TR300形が静態保存で置かれた

動輪が置かれていた路盤には蒸機のハチロク形48647号機が置かれた

第2坂の下トンネルはコンクリートで蓋をされている

カート」に置き換えられて、なかなか乗れない状況は緩和されている。

１往復してから「トンネルの駅」を再び訪れた。もう使用されなくなってしまった観光用のＴＲ３００形２両と86形（ハチロク）（正確には８６２０形）蒸気機関車４８６４７号機が保存展示されるようになっていた。

日之影温泉駅のホームや駅舎は残され、高千穂鉄道のＴＲ１００形１０４号と１０５号の２両が置かれ、車内で宿泊できるように改造されて「ＴＲ列車の宿」として宿泊施設にしている。

なお、その後、造られたＴＲ４００形４０１号手力男（たぢからお）号と４０２号天鈿女（あまのうずめ）号はＪＲ九州が引き取って改装されて、日南線を走る特急「海幸山幸」として平成22年10月から運転開始した。

今回の取材では高千穂に宿泊したので時間が充分とれた。そこで、断念していた高森トンネルの終端部の湧水地点まで行くことにした。その手前の宮崎県内の橋台やトンネルなどはまだ残っている。終端部はダミーの岩で塞がれ、神棚が置かれていた。ダミーの岩の向こうもまだトンネルが数十ｍ続いているそうである。

田原―河内間に残っている橋台

完成したトンネルなどは九州横断新幹線として活用してもいいのではないか

基本計画新幹線として九州横断新幹線がある。同新幹線は起点を大分市、終点を熊本市としているが、経由地は明記されていない。日豊本線の大分―延岡間は大分県と宮崎県の間に宗太郎峠があり、日豊本線は20‰にもなる上下勾配で宗太郎峠の重岡駅を通り抜ける。頂点にある重岡駅の標高は219・4m、20‰の連続勾配が前後にあるだけでなく、最小曲線半径300mのカーブが至る所にある。

また、大分―幸崎間は勾配も少なく、カーブも緩いが、その先は最小曲線半径300mの急曲線が続く。地形が複雑で、勾配は15‰程度だが、何度も登り降りをする。宗太郎峠を過ぎても、延岡駅までも同様に急曲線と急勾配が続いている。

そこで幸崎―延岡間を東九州新幹線名目で、単線の狭軌の新幹線規格新線として建設する。東九州新幹線は起点が福岡市、大分市付近や宮崎市付近を経て、終点は鹿児島市である。具体的には博多駅から馬場山新駅予定地付近まで山陽新幹線と共用して、ここから分岐して日豊本線と並行

高森トンネル遊歩道の最奥部。神棚が置かれている

して鹿児島中央駅までの路線となる。

その一部の大分―延岡間を九州横断新幹線と共用して建設、延岡駅からは高千穂鉄道の残っている線路用地を極力流用して高千穂駅まで向かう。高千穂駅から高森駅までは建設放棄した単線トンネルを流用する。

大分―延岡間の最高速度は狭軌新幹線でも可能とされる時速250㎞とする。高千穂線流用区間は線形を改良しにくいけれども200㎞走行が可能なように、できるだけルート変更して最小曲線半径2000ｍとした新設路線で建設する。いわば中速新幹線規格新線である。

建設放棄区間のトンネルは特1号型なので電化は可能であり、北越急行ほくほく線での実績から時速160㎞は出せる。問題は出水事故を起こした高森トンネルをどうするかだが、上越新幹線高崎―上毛高原間にある中山トンネルも大出水事故を起こし、その解決策として出水地点を迂回したルートで掘削しなおした。このためこの迂回線は半径1500ｍと、新幹線としては規格外の急カーブになっていて、速度を160㎞に落として走らせている。高森トンネルも迂回すればいい。しかもこちらは最高速度160㎞なので問題はない。

曲線通過速度も、車体を2度傾斜させる空気バネの伸縮方式を採用する。フルアクティブサスペンションの導入と、重心がカーブの内側に移動することから、外側に移動する振り子式車体傾斜装置と同等の曲線通過速度を保つことができる

南阿蘇鉄道の高森―阿蘇下田城ふれあい温泉間は最小曲線半径800ｍなので空気バネ式の車体傾斜車両ではこのカーブで時速140㎞で走行が可能、阿蘇下田城ふれあい温泉駅から立野駅までは曲線半径300ｍのカーブが連続するので、85㎞の一定の速度で走行する。熊本―立野間の豊肥本線は曲線半径400ｍ～800ｍのカーブがあることから時速100～160㎞で走行する。熊本―延岡間は、最高速度は200㎞ではあっても多くは160㎞で走る、高速新幹線でなく中速新幹線として経済的に建設するのである。

停車駅を立野、高森、高千穂とし、各区間の所要時間を試算すると熊本―立野間で20分、立野―高森間で11分、高森―高千穂間で10分、線形改良で距離が短くなった高千穂―延岡間で16分になる。各駅の停車時間を1分とすると60分ちょうどに

なる。

大分―延岡間の大半の区間を新幹線規格新線で建設して狭軌新幹線電車を最高速度250㎞で走らせたとすると、40分程度で結ばれる。熊本―大分間は1時間40分の停車時間になる。

なお、延岡―宮崎間はすでに高速化されている。そこを特急「ひゅうが」が頻繁運転されている。最速「ひゅうが」の所要時間は59分、表定速度85・5㎞となっている。

高速化された理由は、旭化成の社員が東京、大阪などに出張するとき、宮崎空港から社用ヘリコプターで南延岡駅最寄りの工場と行き来していた。しかし、墜落事故を起こして犠牲者が多数出たことから、JRに頼んで自らも費用を負担して宮崎空港―南延岡間の高速化を実現させたのである。だから熊本―宮崎間も、中速新幹線で2時間40分の所要時間になる。

新大阪―熊本間の山陽・九州新幹線の最速所要時間は2時間58分、新幹線熊本駅の14番線を狭軌線による在来線直通電車の発着線にすれば乗り換え時間を2分にできる。熊本経由の新大阪―大分間の所要時間は4時間40分である。山陽・九州新幹線で320㎞運転をすると10分は短縮するから4時間30分になる。

「3時間説」によれば対航空機シェアは20%でしかないし、日豊本線を走る特急「ソニック」の小倉―大分間の所要時間は1時間20分程度だから、小倉以西の山陽新幹線からは「ソニック」に乗り換えたほうが速い。

ところが、前述のように延岡―宮崎間は高速化によって現在最速の「ひゅうが」は59分で結んでいる。大分―延岡間の宗太郎越えのための新幹線規格新線の建設をやめて、熊本―延岡間だけを新幹線規格新線に造り替えると、熊本―宮崎間は2時間余りの所要時間になる。「ひゅうが」の最高速度を160㎞に向上すれば50分程度になって2時間を切る。

宗太郎峠に新幹線規格新線を造らなければ、山陽新幹線沿線から宮崎に行くのは熊本経由が速い。また、延岡にある旭化成の工場と福岡の事業所との行き来も多い。熊本―延岡間に中速新幹線を建設しても無駄ではないと思う。

福岡近郊の未成線――呼子線

唐津から呼子まではほぼ完成

呼子（よぶこ）線は、筑肥（ちくひ）線虹ノ松原駅から唐津駅、西唐津駅を経て呼子に達し、松浦半島を半周して、再び筑肥線の伊万里駅に達する60㎞の路線である。

改正鉄道敷設法では別表111の3として、昭和36年に「佐賀県唐津より呼子を経て伊万里に至る鉄道」として予定線に組み入れられた。

昭和37（1962）年に調査線となり、39年に鉄道建設公団の工事線となった。ところが、筑肥線は福岡市営地下鉄と相互乗り入れするとともに、従来東唐津駅でスイッチバックして山本駅へ向かっていたのを、呼子線の予定線の一部区間だった虹ノ松原—唐津間を編入、唐津線唐津—山本間を筑肥線と唐津線の重複区間として、筑肥線の虹ノ松原—東唐津—山本間を廃止することになった。

このため、呼子線は鉄道建設公団の無償貸付線であるAB線（地方交通線・地方幹線）だったのが、虹ノ松原—唐津間5・1㎞については筑肥線の改良工事名目となり、有償貸付線のCD線（C線が主要幹線、D線が大都市交通線。虹ノ松原—唐津間はC線）となった。

AB線区間の西唐津—呼子間は昭和42年に工事認可となり、43年に着工した。CD線区間の虹ノ松原—西唐津間は49年に工事認可となり、50年に着工した。虹ノ松原—西唐津間はCD線区間であるために予算を集中投入され、筑肥線の姪浜（めいのはま）—虹ノ松原間とともに電化もされて、58年に開通、同時に福岡市営地下鉄と相互直通運転を開始した。

一方、西唐津―呼子間は大半の路盤が完成したところで、国鉄再建法によって凍結し中止されてしまった。また、呼子以遠は一部の用地が買収されたのみで、唯一の工作物は、呼子駅の先の橋台を造っただけに終わってしまった。

平成元年から2年にかけて国鉄清算事業団に承継され、当初は第三セクター鉄道による運営での工事再開を地元自治体に働きかけたが、自治体は結局第三セクター鉄道の設立をあきらめ、8年からは、工作物を撤去するという条件で、通過予定の自治体に引き取るよう交渉を続けた。唐津市は全工作物を撤去すれば有償でも引き取ってもいいとし、鎮西（ちんぜい）町、呼子町（両町とも平成17年から唐津市になっている）は道路として使用するので、そのままで取り付け道路を建設してほしいと回答している。

だが、道路にするとしても単線線路は1車線程度の幅しかないから無理がある。道路化しても一方通行となろう。そのため唐津市街区間だけ撤去することになった。

半島を一周する計画ルート

西唐津駅にはJR九州の唐津運輸区があり、筑肥線電車や唐津線気動車の車庫になっている。その先に大島（貨物駅）があり、さら

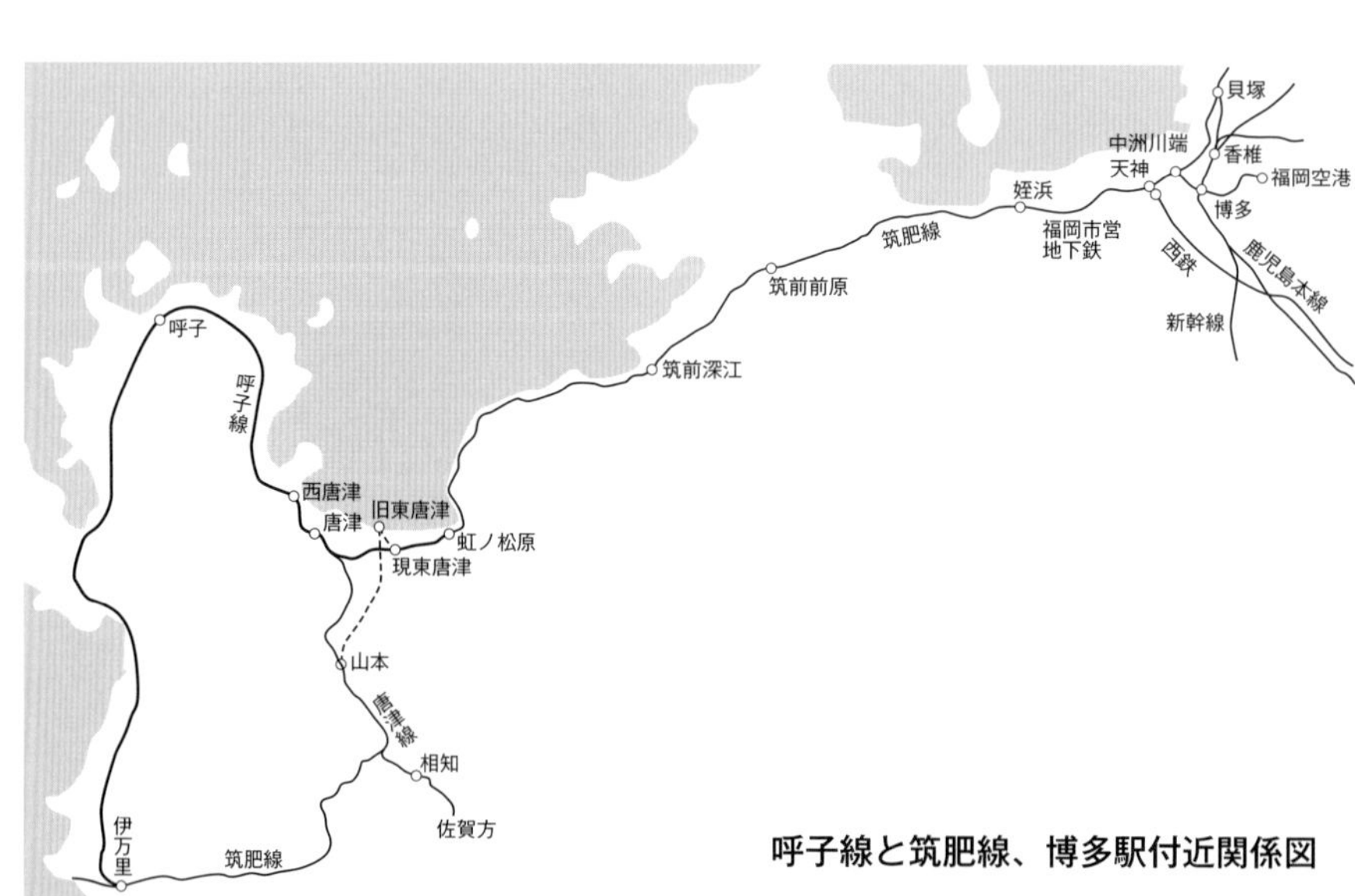

呼子線と筑肥線、博多駅付近関係図

に先は唐津港への専用線が延びていた。呼子線は西唐津を出て唐津運輸区の横を通り、途中から左に折れて国道２０４号を斜め横断する。そしてすぐに第1西唐津トンネルおよび第2西唐津トンネルに入り、出ると高架で市街地を抜け右カーブして佐志川を渡って、さらに右カーブすると佐志駅となる。

ここからすぐにトンネルに入り、やや内陸部を海岸に沿って走る。トンネルの先はしばらくコンクリート高架橋、そして盛土となる。浦という集落を抜けて、山が迫っている海岸に沿って国道２０４号と並行、二つの小さなトンネルを抜けて進み、肥前相賀(ひぜんおうか)駅となる。

相賀浜海水浴場の先で国道と離れて内陸部を進み、第1・第2湊の二つのトンネルを抜けると肥前湊駅となる。さらに第3湊トンネルを抜ける。ここで国道２０４号と交差し、今度は国道のほうが内陸側で並行する。すぐに１・２㎞の屋形石トンネルを抜けて、屋形石駅となる。風光明媚な七ツ釜はここから近い。

小さなトンネルを二つ抜けると国道と分かれ、海岸のほうへいったん進んでから回り込んで、方向を南に向けて丘を登って呼子駅となる。

ここまではほとんど完成している。呼子駅は丘の上にあり、その先は切り通しになっていて、国道が直交する形になる。呼子線はこの国道それに市街地をＰＣ橋で越えて南下し、すぐに右カーブして名護屋(なごや)浦をかすめ、内陸部を進む。外津(そとづ)浦もかすめて、その先でも内陸部を進んで、仮屋湾に出て海岸に沿ってずっと南下、西側から伊万里駅に進入する。だから筑肥線の伊万里─唐津間とあわせて完全な環状線になる。ただし、この環状線はあまり意味がないものである。

観光タクシーで建設跡をたどる

地下鉄博多駅から早朝の筑肥線直通の唐津行に乗り、唐津駅で佐賀発唐津線経由の西唐津行に乗り換えた。地下鉄博多─唐津間は1時間20分程度である。今はすべて各駅停車だが、平成７（１９９５）年時点では筑前前原(ちくぜんまえばる)─唐津間で筑前深江、

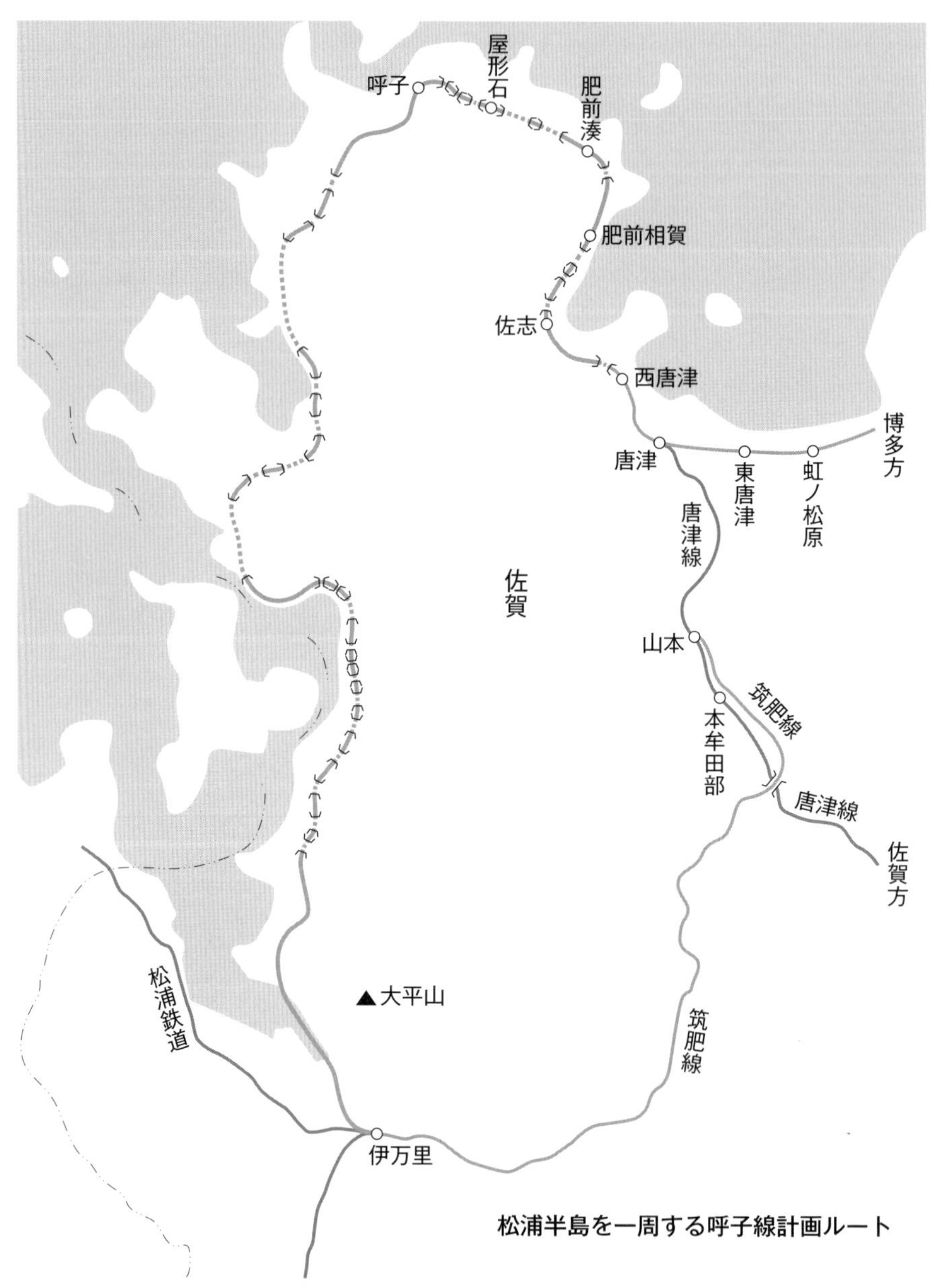

松浦半島を一周する呼子線計画ルート

浜崎のみ停車の快速列車が1往復だけあり、所要時間は1時間8分である。博多―筑前前原間でも快速運転をして、うまくダイヤを設定すれば1時間以内で結ぶことはできるだろう。

虹ノ松原駅からは呼子線として計画された区間で、虹ノ松原駅を出ると高架となり、かつての東唐津駅に近い新しい東唐津駅、そして和多田駅を経て唐津駅となる。

唐津駅は高架化されているが、乗り換えはラッシュ時のためかホームの対面でなく、隣のホームへ階段を昇り降りしていく。筑肥線からの西唐津行直通電車は少ないから、ほとんどは乗り換えとなる。ラッシュ時のため各方面の列車が輻輳しており、このときだけ階段を歩くような乗り換えをさせられたのかもしれないが、こんなやり方をしていれば鉄道離れに拍車をかける。階段を利用させる乗り換え方法を強要すべきではない。

さて西唐津駅に到着して、今回はタクシーにした。取材日が真夏なので自転車ではくたびれてしまうし、唐津駅には「レール&レンタカー」の営業所があるが、呼子までは13㎞で、レンタカーを使うほどの距離ではない。さらにタクシーの運転手は地理に精通しているから建設跡へ迷うこ

西唐津駅を出ると国道204号（現県道23号）を踏切で横切る予定だった

となく連れていってくれるだろうし、呼子線について地元でのいろいろな話題が聞けるだろうからである。

タクシーの運転手にその旨を伝え、まず最初に案内してもらったのが、西唐津駅からすぐのところにある唐津運輸区から分かれた国道２０４号（現県道23号）との交差部である。ここは国道と立体交差をする予定がなかったのか、あるいは西唐津駅を高架にする予定でそれが実現しなかったためか、構築物はなく踏切になる予定だったようである。

たしかＮＨＫの番組で、唐津市内の呼子線の高架橋から映した映像を見た記憶があるから、そこへ案内してほしいと頼んだ。しかし運転手の話では、市内の高架線は撤去され、呼子線はその先で山をトンネルで抜けているから、目に見える構築物はないとのこと。そのため海側の国道を通ったが、その途中でコンクリートで塞がれたトンネルの坑口に案内され、運転手はこう言った。

「呼子線はここから出て、埋立地の臨海工業地帯に出てからまた山に入る」

「？」

この話はおかしい。というのはこのあたりの呼子線は山側のルートをたどっているはずだからである。この坑口は

西唐津駅付近の呼子線用地

トンネル内で分岐して臨海工業地帯へ行く貨物線だろうかと考えたが、せっかく教えてくれたので反論はしなかった。帰ってから調べた結果、これは第2西唐津トンネルの坑口だった。ちょうど国道と直角にトンネルが出て海に向かうように見えただけで、実際は斜めに北上していっている。

再び運転手に「市街地を高架で走っているところがあるはずだから、そこへ案内してほしい」と告げたが、そういうところはないという返事で、次に連れて行ってもらったところは佐志駅近くの山裾をかすめて通る高架橋だった。タクシーから降りて、高架橋まで続く土手を登り、なんとか高架橋に達してあたりを調査したが、駅の設備はなにもなかった。

次は田んぼを貫いて造った高架橋へ案内された。高架橋は県道の下にある坑口から続いていたので、あの県道まで行ってくれと頼むと、運転手は近道をしようとして、民家の庭先をかすめて通る小道に入り行けなくなってしまい、結局大きく迂回することになった。

ようやく真下に高架橋を見下ろす位置に達すると、その風景はまさしく「兵(つわもの)どもが夢の跡」というもので、レールのない高架橋がずっとむなしく続いている。

西唐津駅近くの市街地の高架橋はすでに撤去されている。第1唐津トンネルの坑口が木々で覆われながらもあるために、その手前の橋台も残されている

撤去跡がずっと続く

第2西唐津トンネルの唐津寄りの橋台も残っている

呼子寄りの坑口はコンクリートで蓋をされている

道を間違ったり違う説明をしたりするので、この運転手は頼りないかなとも思ったが、いつも建設跡を見ながら走っていても、さて詳しく教えてくれと言われてなかなか思い出せないのは確かであり、そう弁解し恐縮していた。このタクシーは観光タクシーと書いてあるから、観光案内はするが、こんなところを案内してくれという人間は、めったにいないから無理もないことだと思う。だから文句を言う気にはならなかった。

鉄道線以外に流用は可能か

この先はずっと高架橋や盛土で国道と並行する。運転手の話では、盛土部分は夏草で覆われてわかりにくいが、冬だとよくわかるそうである。

さらに佐賀県や唐津市などでこの建設跡をどう使うか検討したということを話してくれた。まず、バスを走らせるという検討をしたが、すれ違いをどうするかでとりやめたそうである。奈良のＪＲバス阪本線（五条―新宮間に計画された五新線の一部）ではそうしているが、呼子線では並行する国道があまり渋滞しないし、道路も改良されてバス

第２西唐津トンネルの先の盛土路盤

佐志駅の呼子方にある
高架橋

その先は見事な高架橋
が残っている

佐志—肥前相賀間に延
びている高架橋

肥前相賀駅予定地付近の高架橋

帰りのバスから見た肥前相賀付近の高架橋

同・盛土

屋形石駅設置予定地

屋形石駅の先にあるトンネル坑口

朝市通りから見た呼子市街乗越橋の橋台

も走りやすいから、そんなことをする必要はないと判断されたのだろう。

次は観光サイクリングロードにしようとしたという。山岳線でないから勾配はきつくなく、自転車でも走ることができるからである。だが、トンネルが結構あるから防犯上よくないということで、これも駄目と判断したという。

そして運転手は、それだけの予算を使うのなら唐津から博多までの高速道路のほうに回してもらったほうが便利だ、とも言った。タクシーの運転手だからということもあろうが、やはり「我田引鉄」は消滅し「我田引高速道路」になっていると痛感する。

そんな話をしていると、運転手は国道から離れて山の中に入るために左折した。左側にちらっと路盤が見えたが、運転手の話ではこの辺には路盤はないとのことだった。その先に湊小学校があり、このあたりを走るはずだからここだけできていないというのである。しかし、呼子線は呼子までは進捗率95%、レールを敷くだけだったから、あるはずである。後で調べると、このあたりはもっと山側を第1・第2の二つの湊トンネルで抜けていた。タクシーの運転手が路盤はないと思ったのはそのためであった。

小学校を過ぎてしばらくすると再び高架路盤が見えてきた。国道よりもずっと山側をまっすぐに走っている。

この先は並行する道がないために再び国道に出て、途中の名所の七ツ釜の近くで国道は建設跡と交差した。ここが屋形石駅の予定地である。ここから今度は呼子線が海側を走るようになる。だが、掘割とトンネル（第3湊、屋形石というトンネルがある）のため、この付近では呼子線からは海があまり見えないだろう。

そして呼子町に入ると国道は港のほうへ行くために掘割状の坂を下るが、その右手に高架橋があった。呼子の駅は反対側の山の上にできる予定だったという。そしてここから伊万里駅まではまったく建設跡はないとのことであった。

呼子港でタクシーを降りて朝市のほうへ向かう。ふと丘を見上げると、途切れた高架橋の橋台が見えた。丘の上にある呼子駅から延びた高架橋で、ここから呼子の町を高い高架橋で乗り越していく予定だったのである。タクシーを降りた後なので、呼子駅予定地まで行くことはできなかった。

有名な「呼子の朝市」を見学、朝市のおばちゃんから「買いなー」と声をかけられたが、生ものがほとんどなのであきらめ、三つ1000円なりのウニや塩辛の瓶詰を買って、帰りはバスにした。

取材は平成7年の真夏である。このとき乗った唐津行だけでなく、すべてのバスはなぜかほとんどのカーテンが閉められている。これでは呼子線の建設跡が見えないからカーテンを開けると、後席の朝市帰りのおばあちゃんから「カーテンを閉めんとよ」（九州弁に詳しくないが、たしかこう言われた）と怒られた。どうしてかと聞けば「暑くなるから」とのこと。そんなに暑くなるのかなあとも思ったが、九州はカーテンを閉めないとならないほど暑くなるのだろうか。

一番前に座っていたから前方の景色はよく見えるので、おばあちゃんの気迫に負けて、横は少しだけ開けて景色を眺めることにした。そうこうしているうちに佐志川を渡ると、右側の市街地に高架橋が見えた。やはり市街地に高架橋があったのである。

すぐにバスを降りたが、市街地を走る高架橋がわかる写真が撮れるような高い建物はなく、橋脚を見るだけにして、そそくさと西唐津駅まで歩いて戻った。

バスはそのまま唐津市内まで行くので、西唐津駅で列車に乗り換える人は少ないようで、唐津線の気動車はがらんとしていた。西唐津—唐津間の利用もそれほど多くはなく、ここが存続しているのは唐津運輸区があり、なかば回送線として使われているためである。

1995年当時の私見　博多—呼子間は1時間で結べる

呼子線西唐津—呼子間は、線路さえ敷けば開業できるほどにできあがっている。唐津は博多からさほど離れておらず、唐津—博多間は1時間20分、上り快速で1時間8分、この所要時間は通勤できない距離ではない。首都圏や関西圏では通勤通学に1時間以上かけている人は多い。ただし、これは首都圏や関西圏の感覚であり、福岡圏の感覚では少々きつい距離であろう。

唐津―呼子間は、軽快気動車が走ったとすると20分程度の所要時間となる。電化して電車が走ると、もっと速くなる。さらに、現快速よりも停車駅を削減（地下鉄線内も含めて）して高速運転をすると唐津―博多間は1時間以内、やりようによっては45分で結ぶことは可能であり、呼子駅から1時間くらいで博多駅まで行ける。まして福岡の中心地、天神までは1時間以内である。それに下山門―筑前前原間は複線化工事がはじまっているから（平成12年1月完成）、高速の快速を頻繁に走らせることも可能になる。

福岡圏では通勤地としてはやや遠いが、それなりにいい住宅を提供すれば転居する人も出てくるだろう。この住宅開発をJR九州の単独か、佐賀県などとの第三セクター会社で行えば、一挙両得である。

また、呼子の朝市、七ツ釜、名護屋城跡などの観光資源もある。福岡市交通局との話し合いは必要になるが、無味乾燥な通勤形車両ではなく、鹿児島本線を走る転換クロスシートの811・813系近郊形電車の地下線仕様の車両を投入して、呼子駅まで1時間ごとに快速電車を走らせてもいい。

こうなると呼子線は電化しなくてはならないが、それだけやる価値はなしとはいえない。呼子線は博多から1時間余りのところにある。そんな近いところなのに建設を中止したことこそ、もったいないのである。

昼間時の福岡空港―姪浜間は7分30秒ごと、姪浜―筑前前原間は15分ごと、以遠30分ごとで、福岡空港は毎時零分発から7分30秒ごとに発車するほぼ完全なパターンダイヤがいい。

具体的に福岡空港―呼子間の昼間時のダイヤを考えると、福岡空港発毎時14分、44分発の呼子行快速を運転、停車駅は福岡空港―天神間各駅、姪浜、筑前前原、筑前深江、浜崎、唐津以遠各駅とする。福岡空港―呼子間の所要時間は1時間6分になる。

快速は7分先行の普通筑前前原行を姪浜駅で追い抜く緩急接続を行い、さらに筑前前原駅でも14分先行の普通唐津行とも接続する。福岡空港発毎時15分、45分発の普通は、快速を14分発としたので1分ずらし、行先も姪浜とする。そしてその6

分後に筑前前原行を運転するという30分サイクルのパターンダイヤとするのである。

こうなると呼子までが非常に便利になり、沿線は活性化されるだろうと思う。

呼子線の構築物は撤去されてしまった

高千穂線延長線の項で述べたように、平成13年に同延長線を再度チェックして高森の親水公園に到着してから、カーナビの行先を呼子にセットして向かった。国道265号、57号、九州自動車道、長崎自動車道、厳木多久道路、国道203号とレンタカーを進めた。

セットした当初の呼子到着予定時間は15時30分、進むにつれて到着予定時間は早くなり、サービスエリアで休息すると遅くなる。今では当たり前の話だが、当時はこれが非常に珍しかった。カーナビとは面白いものだと感心したものである。

さて唐津市街に入ると、市街地の中に立っていた高架橋はすべて撤去されて空き地になっていた。その空き地のところどころには新しい住宅が建っていた。また唐津市街地

呼子付近は農道兼用のサイクリングロードとして整備された

の西北部の浜町交差点では国道204号のバイパス用地に転用されていた。

その先、佐志浜の集落を過ぎたところからは、まったく撤去されず、呼子寄りでは農道兼用のサイクリングロードとして使用されている。一部の高架橋やトンネル、用地は残されている。

平成25（2013）年7月に講談社刊の『四国・九州ライン5巻　長崎・佐賀エリア』の取材のために、またまた、呼子を訪れた。呼子駅周辺をじっくりとチェックしていなかったためである。

佐志付近はバイパスが整備されたものの、最初にタクシーの運転手に教えてもらった、コンクリートで蓋をされた第2西唐津トンネルは蓋が取り除かれていた。付近の路盤とともにバイパスの拡幅をするために工事をしている真っ最中で、そのために蓋が取り除かれたのである。

呼子港で観光遊覧船にも乗った。丘にある呼子の駅などが見えるかもしれないからである。駅予定地は見えなかったが、駅手前の道路乗越橋を眺望できた。

その後、丘上の呼子駅予定地も訪れた。同駅の用地は一部住宅が建っているが残っており、その北側の道路を跨ぐ

同・掘割区間

橋梁や呼子トンネルは通行止めにはなっていない。サイクリングロードになっていたのである。呼子の朝市の上を通り抜けることができるように設置された橋台も残っている。

呼子の朝市やイカ料理の食事処、遊覧船の波止場のマリンパル呼子などがあるが、観光で訪れようとしてもマイカーかレンタカー、バスしかなく、行くのに不便である。呼子線が呼子駅まで電化開通していれば福岡から行くのにとても便利だし、福岡空港から乗り換えなしで行けた。開業を断念したのは返す返すも残念でならない。

呼子駅や一部路盤が残っているのだから、福岡市郊外線としてだけでなく観光鉄道としても復活してもよかったように思える。

呼子乗越橋はまだ残っていた

バイパス拡幅工事のために蓋を取り除かれた第2西唐津トンネル

観光船から見た呼子駅近くの道路乗越橋

同・近接写真

呼子駅予定地へのアプローチ道路を跨ぐ呼子線の乗越橋。サイクリングロードとして残されている

広くとったまま残っている呼子駅用地跡

呼子駅の先も道路として利用されている。呼子市街乗越橋の橋台部分まではこの道路が通じていなかった

呼子駅予定地の西唐津寄りを見る

その先に乗越橋がある。サイクリングロードとしてずっと続いている

その乗越橋を下の道路から見る

Profile

川島令三（かわしま・りょうぞう）

1950年兵庫県生まれ。芦屋高校鉄道研究会、東海大学鉄道研究会を経て「鉄道ピクトリアル」編集部に勤務。現在は鉄道アナリスト。著書に『全国鉄道事情大研究』（シリーズ全30巻、草思社）、『【図説】日本の鉄道　全線・全駅・全配線』（シリーズ全52巻、講談社）、旅鉄CORE『全国未成線徹底検証（国鉄編・私鉄編）』、おとなの鉄学『令和最新版！ライバル鉄道徹底研究』（天夢人）など多数。テレビ等でのコメンテーターのほか、早稲田大学エクステンションセンター・オープンカレッジ「鉄道で楽しむ旅」講師もつとめる。

※本書は、中央書院より1996年に刊行された『幻の鉄路を追う 未開業新線再生への提言』を改題、加筆・再編集したものです。

編　集　　揚野市子（「旅と鉄道」編集部）
装　丁　　栗八商店
本文デザイン　マジカル・アイランド
校　正　　芳賀郁雄

おとなの鉄学 006

新編　幻の鉄路を追う　西日本編

2023年10月11日　初版第1刷発行

著　者　川島令三
発行人　藤岡 功
発　行　株式会社天夢人
〒101-0051　東京都千代田区神田神保町 1-105
https://www.temjin-g.co.jp/
発　売　株式会社山と溪谷社
〒101-0051　東京都千代田区神田神保町 1-105
印刷・製本　大日本印刷株式会社

●内容に関するお問合せ先
「旅と鉄道」編集部　info@temjin-g.co.jp　電話 03-6837-4680

●乱丁・落丁に関するお問合せ先
山と溪谷社カスタマーセンター　service@yamakei.co.jp

●書店・取次様からのご注文先
山と溪谷社受注センター　電話 048-458-3455　FAX048-421-0513

●書店・取次様からのご注文以外のお問合せ先
eigyo@yamakei.co.jp

・定価はカバーに表示してあります。

Printed in Japan
ISBN978-4-635-82538-2